2025 조국통일 만민공동회의 산물인 이 책이 우리 민족의 살길인 남북공동선언을 완수하고
이재명 국민주권정부가 조국통일의 대문을 여는 초석이 되기를 바랍니다.

조국통일 만민공동회
ⓒ박해전, 2025

초판 1쇄 · 2025년 8월 15일
지은이 · 박해전 외 공저
펴낸이 · 박해전
펴낸곳 · 사람일보
편집 · 장동욱 최준원 인병문
디자인 · 장동욱 최준원

등록 제 2016-000021호
주소 (34664) 대전시 동구 동부로 55-58(판암동, 주공아파트) 603동 306호
전화 (02)747-6150 팩스 (02)2253-7808 이메일 saram@saramilbo.com
ISBN 979-11-91374-06-3 값 20,000원

인지를 생략합니다.
잘못된 책은 바꿔 드립니다.

식민분단 적폐청산 조국통일 어떻게 할 것인가?

조국통일 만민공동회

사람일보

차례

6 **발행인 인사말**
박해전 사람일보 회장

제1부
2025 조국통일 만민공동회

축사

12 2025 조국통일 만민공동회를 열렬히 축하합니다
김성수 철학박사, 유럽통일운동가, 독한문화원 원장

15 조국통일 만민공동회의 선구적 노력과 지혜를 응원합니다
김두관 전 행정자치부 장관

축시

18 통일바람아 불어라
강상기 시인

정당사회단체 각계인사 연설

19　미완의 해방 80년, 한반도 평화의 길을 묻는다
　　이홍정 자주통일평화연대 상임대표의장

38　자주정치, 자주외교로 국민주권 실현하자
　　박준의 국민주권당 상임위원장

43　80년 분단, 116년 식민지와 종미의 시대를 이제 끝장내자
　　최규엽 전 민주노동당 최고위원

73　한국-조선 두 국가의 연방제 통일 모색하자
　　정일용 전 한국기자협회 회장

80　가자 북으로, 오라 남으로, 만나자 38선에서
　　전덕용 전 사월혁명회 상임의장

87　한반도를 갈등의 땅에서 평화의 중심지로
　　고은광순 (사)평화어머니회 이사장

92　자주, 민주, 통일의 실현에서 매국노 청산의 중요성
　　정호일 우리겨레연구소(준) 소장

109　주한미군, 미국 세계전략의 동북아 전초기지
　　고승우 전 민언련 이사장

126　조직화된 촛불국민의 직접 행동이 조국통일을 실현할 것이다
　　권오혁 촛불행동 공동대표

131　'대북정책'말고, '통일정책' 수립하라
　　김광수 (사)부산평화통일센터 하나 이사장

138　대북 모략극 또는 '주변사태' 조작을 우려함
　　강진욱 전 연합뉴스 기자

155 지금이 기회다
리적 미군철수운동본부 상임대표

160 조국통일 이재명 대통령
박해전 사람일보 회장

169 2025 조국통일 만민공동회 공동선언

제2부
2023 조국통일 만민공동회

격려사

178 미제와 외세를 몰아내고 자주적 평화통일을 향하여
전창일 한국진보연대 상임고문

정당사회단체 각계인사 연설

180 국민주권 정치의 실현이 통일의 열쇠다
박준의 국민주권당(준) 위원장

184 분단극복과 완전한 자주통일독립국가 건설
전덕용 사월혁명회 상임의장

188 한미상호방위조약 체결 70년, 미 제국주의 실체 직시해야 할 때
　　고승우 민언련 고문

208 미국이 한국의 동맹국인가
　　정일용 6.15공동선언실천남측위원회 언론본부 상임대표

226 반외세 민족공조
　　김성수 철학박사, 유럽통일운동가, 독한문화원 원장

230 임박한 세계대전과 코리아의 자주와 통일
　　한명희 민중민주당 통일위원장

234 분단 극복 없는 민주주의 완성 없다
　　김광수 (사)부산평화통일센터 하나 이사장

244 식민과 분단 적폐청산 조국통일 어떻게 할 것인가
　　박해전 자주통일평화번영운동연대 상임대표

부록

257　6.15공동선언
259　10.4선언
263　4.27판문점선언
267　9월평양공동선언

발행인 인사말

　사람일보는 '조국의 민주개혁과 평화적 통일의 사명'을 적시한 헌법 전문에 따라 신을사오적의 식민과 분단 적폐청산과 조국통일을 한국정치의 핵심의제로 제기하고 그에 대한 구체적인 해법을 제시한 책 『조국통일의 진로』 출간을 기념하여 2025 조국통일 만민공동회를 8월 8일 오후 2시 서울 전태일기념관에서 열었습니다.

　조국통일 만민공동회에 참가하여 민족자주와 조국통일의 대의를 밝혀준 정당사회단체 각계인사들과 축하공연을 한 노래극단 희망새, 이 행사를 지지 성원한 해내외 동포들께 깊은 감사를 드립니다.

　이 책은 '식민분단 적폐청산 조국통일 어떻게 할 것인가'를 주제로 한 2025 조국통일 만민공동회 연설문을 담은 것입니다.

　김성수 철학박사(해외통일운동가, 독한문화원 원장)와 김두관 전 행정자치부장관의 축사, 강상기 시인의 축시 〈통일바람아 불어라)를 시작으로 이홍정 자주통일평화연대 상임대표의장, 박준의 국민주권당 상임위원장, 최규엽 전 민주노동당 최고위원, 정일용 전 한국기자협회 회장, 전덕용 전 사월혁명회 상임의장, 고은광순 (사)평화어머니회 이사장, 정호일 우리겨레연구소(준) 소장, 고승우 전 민언련 이사장, 권오혁 촛불행동 공동대표, 김광수 (사)부산평화통일센터 하나 이사장, 강진욱 전 연합뉴스 기자, 리적 미군철수운동본부 상임대표, 박해전 사람일보 회장의 원고를 실었습니다.

부록으로 김대중 노무현 문재인 대통령의 공과를 성찰한 책 『김대중 노무현 문재인』 출판을 기념하여 '식민과 분단 적폐청산 조국통일 어떻게 할 것인가'를 주제로 2023년 10월11일 오후 2시 서울 노무현시민센터에서 개최된 조국통일 만민공동회의 정당사회단체 인사들의 연설문을 올렸습니다.

2023년 조국통일 만민공동회에서는 통일원로 전창일(96) 한국진보연대 상임고문의 격려사(고은광순 평화어머니회 이사장 대독)를 시작으로 김정길 6.15공동선언실천남측위원회 상임대표의 '광주아리랑', 한명희 민중민주당 통일위원장의 '임박한 세계대전과 코리아의 자주와 통일', 박준의 국민주권당(준) 위원장(이형구 정책위원장 대독)의 '국민주권정치의 실현이 통일의 열쇠다', 전덕용 사월혁명회 상임의장의 '분단극복과 완전한 자주통일독립국가 건설', 고승우 민언련 고문의 '한미상호방위조약 체결 70년, 미제국주의 실체 직시해야 할 때', 김광수 (사)부산평화통일센터 하나 이사장의 '분단극복 없는 민주주의 완성 없다!', 정일용 6.15공동선언실천남측위원회 언론본부 상임대표의 '미국이 한국의 동맹국인가-이른바 한미동맹 70주년에 부쳐', 김성수 독한문화원 원장의 '반외세 민족공조', 박해전 자주통일평화번영운동연대 상임대표의 '식민과 분단 적폐청산 조국통일 어떻게 할 것인가' 제하의 연설이 한성 자주통일연구소 소장의 사회로 진행됐습니다.

국민주권자들은 이재명 대통령이 김대중 노무현 문재인 대통령을 뛰어넘어 국민주권 헌법 수호자로서 외세의 간섭과 지배책동을 배격하고 헌법 전문 '조국의 민주개혁과 평화적 통일의 사명'에 따라 식민분단 적폐를 청산하고 자주통일과 평화번영의 남북공동선언을 완수하는 조국통일 대통령이 될 것을 명령하고 있습니다.

조국통일은 우리 민족과 국민주권자들의 최고 최대이익을 구현하는 지상 최고 최대위업입니다. 2025 조국통일 만민공동회의 산물인 이 책이 우리 민족의 살길인 남북공동선언을 완수하고 이재명 국민주권정부가 조국통일의 대문을 여는 초석이 되기를 바랍니다.

2025년 8월 15일

박해전 사람일보 회장

1
2025 조국통일 만민공동회

축사
2025 조국통일 만민공동회를 열렬히 축하합니다

    1945년 8월 해방과 더불어 외세에 의해 강요된 분단을 극복하고자 시작한 조국통일운동은 어언 80년사를 기록하게 되었습니다. 억울하고 비통한 민족사의 한 대목입니다.

    일제 식민지로 고통받은 한반도가 해방이 아니라 외세에 의한 남북분단이라는 억울함은 하늘에 치솟고, 이 분단을 극복하고 통일을 성취하려는 피와 땀은 강산을 적시고 있지만 그 비통함은 아직 끝이 안보입니다. 국내외에서 일생 동안 통일운동 하다 유명을 달리하는 열사들이 날마다 많아지고 있습니다. 유럽 독일에서도 마찬가지입니다.

    이제 산 자들은 분단 80년을 맞아 통일운동을 더욱 도약시켜 하루라도 빨리 조국통일을 쟁취할 각오를 가다듬고 있습니다. 80년의 긴 세월 통일운동 과정에서 크고 작은 단체들 그리고 활동의 폭과 내용에서 다양하지만, 궁극적으로는 통일을 지향하는 단체들이 국내에서는 물론 해외에서도 꾸준히 성장해 왔습니다.

통일운동의 도약과 성취는 통일의 결정적인 장애요인의 제거에 그동안 성장한 통일운동 역량을 집중할 것을 요구하고 있습니다. 포병용어로는 한 지점에 전포병 역량의 집중타격(TOT)입니다. 마침 사람일보가 주최하는 조국통일 만민공동회 8월 행사는 시기적절하며, 해외 유럽에서도 많은 인사들이 열렬히 축하하고 격려를 아끼지 않고 있습니다.

조국통일 성취의 결정적인 장애요인은 한미동맹과 주한미군이라는 인식이 일반화되고 있습니다. 통일은 민족주권의 회복이며, 이를 위한 선차적인 조건은 한미동맹의 해체와 미군의 한반도 철수임이 뼈저린 역사적 교훈이기도 합니다.

때마침 여기에 유리한 외적 조건도 형성되고 있습니다. 국민주권을 지향하는 새로운 정부와 그 지지세력 간에는 전시작전통제권 환수를 논의하고 있으며, "미군 없이 우리나라는 우리가 지키겠다"는 자주의 열망도 높아지고 있습니다. 그런가 하면 미국 정계와 미국 안보 전문 인사들도 미군 조정 정책에 따라 주한미군 3분의 2 축소 내지 철수안이 내부적으로 상정되어 논의되고 있는 실정입니다.

이러한 시기에 조국통일 만민공동회의 '분단적폐청산 민족통일' 행사는 역사적인 의의가 크며, 다시 한번 열렬히 축하합니다.

앞으로 조국통일 만민공동회가 통일 성취의 결정적인 장애요인에 대한 이론 활동, 선전홍보, 그리고 이 결정적 장애요인 제거를 위해 여러 통일지향 단체가 모든 역량을 집중하도록 가교 역할을 하는 데서 큰 성과를 거두리라 기대합니다.

통일의 그날을 위하여 모두 건투하시길 기원합니다.

독일 프랑크푸르트에서

유럽통일운동가, 독한문화원 원장

김성수 철학박사

축사

조국통일 만민공동회의
선구적 노력과 지혜를 응원합니다

  새 정부가 출범하고 새로운 남북 협력의 기운이 싹트는 시기에 의미 있는 행사를 준비하신 박해전 회장님, 그리고 함께하시는 모든 분들께 감사의 인사를 드립니다.

  이재명 대통령의 결단으로 대북 확성기 방송이 중지되고, 이어 북한에서 이에 상응하는 대남방송이 중단된 이후, 얼마 전에는 북한에서 전송하는 대남교란 전파도 중단되었다 합니다. 참으로 반가운 일입니다.

  마치 전쟁이 날 것처럼 대치하던 남북 관계가 대북방송 중지 하나로 이렇게 순풍이 부는 환경이 되었습니다. 대한민국의 정치가 국민의 생존과 연관되어 있다는 생각을 다시 갖게 되는 순간입니다.

  대한민국에는 10년을 단위로 대북 순풍이 부는 것 같습니다. 김대중, 노무현 정부 때 대북 순풍이 불었고, 10년을 건너뛰어 문재인 정부에서 순풍이 불었다가 이제 다시 이재명 정부에서 순풍의 기운이 감지되고 있습니다.

그 과정에서 우리 한국 사회 내부에서 일어나는 통일에 대한 생각도 많은 변화가 있음이 감지됩니다. 21세기 대한민국의 젊은 세대는 통일에 앞선 자유로운 상호교류, 그를 통한 항구평화체제 구축이 더 현실적이라는 생각을 많이들 한다고 합니다. 저 역시도 통일이 민족의 숙원이라고 생각했던 세대지만 이런 변화의 흐름을 모르는 것처럼 억지로 무시할 수는 없다고 생각합니다.

우리는 독일의 통일을 가장 모범적인 사례로 생각합니다. 빌리 브란트의 동방정책으로 독일은 상호 교류의 물꼬를 열었습니다. 빌리 브란트는 미국의 마샬정책으로 유럽이 재건되고 나자, 그 열기를 동구 유럽으로 이어가야 한다는 의미로 '동방정책'이라는 이름을 붙였다고 합니다. 그렇게 국민적 염원과 정파를 불문하는 지혜를 모아 독일은 20년 만에 베를린 장벽을 무너뜨리는 데 성공했습니다.

우리 역시도 1972년 7.4남북공동성명을 기점으로 '남북통일'이라는 역사적 과업을 드디어 꿈꿀 수 있었습니다. 그 평화의 바람을 지속적으로 불어넣었어야 했는데 반복적인 남북공동선언만 있었을 뿐 실질적인 교류의 물꼬는 정부에 따라 부침이 이어졌습니다. 오늘 시점에서 보더라도 노태우 대통령이 결단한 1991년 남북기본합의서는 가장 훌륭하게 남북한의 신뢰를 천명하고 있습니다. 하지만 안타깝게도 그 합의는 실질적인 효과를 내지 못했습니다.

김대중 대통령의 6.15, 노무현 대통령의 10.4 남북공동선언도 당시에는 뜨거운 시대의 물결로 공감을 얻었지만, 정부가 바뀌면 이내 다시 남북의 대치와 전쟁의 기운이 감도는 누란의 역사만 반복했습니다. 그렇게 반세기가 넘는 50년 세월이 훌쩍 지나가고 말았습니다.

　제2차세계대전 이후 전 세계에서 맺어진 평화협정, 정전협정으로 설치된 비무장지대가 모두 서른두 곳인데 그 중 한반도의 비무장지대가 유일하게 성공한 사례라고 합니다. 남북 모두가 말로는 평화와 교류, 통일을 천명하면서도 다른 한편으로는 여러 차례 무력 충돌을 벌였음에도 최소한 비무장지대를 없앨 정도의 적대적 관계를 만들지는 않았다는 얘기입니다. 그나마 얼마나 다행스러운 일입니까!

　저는 이 사실 자체가 남북한 항구적 평화체계 구축의 가능성과 희망이라고 생각합니다. 오늘과 같은 행사를 통해 남북 모두가 영구 평화의 길로 나아가길 기대하고, 저 역시도 그런 일에 앞장서겠습니다. 무엇보다 먼저 평화가 있어야 통일도 가능할 것이고, 그렇게 평화가 담보되어야만 남북공동의 안전과 이익도 지킬 수 있기 때문입니다.

　그런 이유로 오늘 〈조국통일 만민공동회〉 여러분의 선구자적 노력과 지혜가 새로운 역사의 물꼬를 트는 시대의 마중물이 될 수 있기를 간절하게 기원합니다. 감사합니다.

김두관 전 행정자치부 장관

축시
통일바람아 불어라

바람이 아니라면
어찌 나무가 춤출 일이 있겠는가

바람이 아니라면
어찌 바다가 춤출 일이 있겠는가

통일바람아 불어라
우리도 춤출 일 좀 있어야겠다

바람아 바람아 불어라
통일바람아 불어라

강상기 시인

정당사회단체 각계인사 연설

미완의 해방 80년, 한반도 평화의 길을 묻는다

이홍정 자주통일평화연대 상임대표의장

윤석열의 전쟁정치와 한반도 식민분단냉전체제

일제강점기에서 미완의 해방 광복 80년 오늘에 이르기까지 한반도는 식민지 근대성과 분단냉전체제와 전쟁동맹세력에 의해 구조적으로 지배당해 왔다. 윤석열의 12.3비상계엄사태는 식민분단냉전체제에 기생하면서 한미군사동맹과 국가보안법에 기대어 반공전쟁정치를 자행하며 적대적 공생관계를 통해 권력을 재생산해 온 식민분단냉전세력의 전형을 보여주었다. 72년을 이어온 정전체제 아래 남북관계가 '교전 중인 적대적 두 국가관계'로 전락한 한반도의 현실을 배경으로, 윤석열은 한국의 안보주권의 목줄을 쥐고 흔드는 전쟁동맹국 미국과 검찰독재에 기대어 군경을 동원하여 헌정질서를 유린하고, 전쟁유도 북풍공작을 자행하며 비상계엄사태를 일으켰다.

9.19군사합의가 폐기되고 서해 5도를 비롯한 접경지역의 군사위기가 고조되는 가운데 윤석열과 그의 장군들과 정책자들은 접

경지역주민들의 생명 안보를 자신들의 권력 유지를 위한 도구로 전락시키므로 대한국민의 평화주권을 유린하였다. 그들은 '쓰레기' 같은 대북 전단과 대북 확성기를 통한 체제선전으로 조선민주주의인민공화국(이하 조선)의 인민의 삶을 괴롭힌 대가로 받은 오물풍선과 대남 확성기의 괴음으로 접경지역 주민들의 일상을 짓밟고 마음의 평화를 깨뜨리며 삶의 자리를 뿌리 뽑음으로 대한국민의 평화공존의 자리를 파괴하였다.

전 정보사령관 노상원의 수첩에서 "북방한계선(NLL)에서 북의 공격을 유도" 등의 메모가 발견되었다. 윤석열과 김용현은 평양에 7대의 무인기를 침투시키고, 연평도와 백령도에서 포사격 훈련을 자행하고, 오물풍선의 원점 타격을 명령하고, 백령도에서 '레이싱 드론'으로 수차례 조선의 오물풍선을 격추하므로 조선의 군사적 대응을 유도하고, 이를 통해 비상계엄을 정당화하려고 하였다. 비상계엄을 앞두고 정보사령부는 조선인민군 군복 600벌을 긴급 구매하였고, 계엄군은 접경지역 고성군과 양구군 군청에 진입하였으며, 비상계엄 해제 후에도 북풍공작 임무를 받은 블랙요원들은 복귀하지 않고 있었다고 한다. 육군이 지난해 12월 추가 구입한 3천여 개의 영현백 논란은 비상계엄에 따른 살인적 국가폭력을 상상하게 만들었다. 이들은 더 이상 대한국민의 생명 안보를 지키는 군인이 아니었다.

윤석열의 12.3비상계엄사태가 전쟁유도 북풍공작을 통해 요건을 갖추고 성사되었다면, 한반도에는 전면전을 불사하는 전쟁의 위기가 찾아왔을 것이다. 이른바 '노상원수첩'의 살생부에 이름을 올린 사람들이 '수거'되었다면, 비상계엄하에서 국가보안법에 의해 반국가세력으로 낙인찍혀 처단되고 '폐기'되었을 것이다. 내란 우두머리 윤석열과 내란주도자 김용현, 여인형, 노상원 등이 위헌, 위법한 비상계엄의 요건을 만들고, 이를 정당화하기 위해 획책한 북풍공작 전쟁정치는 진행 중인 특검을 통해 진실을 밝히고 반드시 외환죄로 처벌되어야 마땅하다.

또한 전쟁유도 북풍공작의 일차적 피해지역인 접경지역에서 대북전단 살포와 확성기 방송, 군사훈련 등 심리적 물리적 충돌을 조장하는 적대행위를 즉각 중단할 뿐만 아니라, 이를 금지하는 법률을 즉각 개정하여 재발을 방지하므로 접경지역 주민들의 생명 안보를 강화하고 우발적 국지전이 발발할 수 있는 계기를 차단해야 한다.

다른 한편 윤석열이 저지른 내란 및 외환죄는 식민분단냉전체제의 산물인 국가보안법과 한미군사동맹을 두 축으로 작동된 것임을 생각할 때, '적극적 평화'의 차원에서 국가보안법을 폐지하고 신 냉전군사동맹외교에 근본적 변화를 가져와야 한다. 이제 빛의 혁명을 통해 12.3비상계엄사태를 극복한 새로운 한국은 비상계엄도, 전쟁유도 북풍공작도, 국가보안법도, 한미연합전쟁연습도, 그 어떤 전쟁정치도 없는 새로운 한국, 제7공화국이어야 한다. 한미일 신냉전 군사동맹 세력들에 의해 고착화된 식민분단 냉전체제를 한반도의 평화공존과 자주통일을 지향하는 동아시아공동평화체제로 전환하고 '동아시아 공동의 집'을 다 함께 건설해 나가야 한다.

한미동맹의 '덫'과 전쟁기지화

미중 패권경쟁이 가속화되는 과정에 한미동맹과 한미일 군사협력체제와 그 실체인 주한미군의 주둔은 한국을 인도-태평양전략에 입각한 미국의 전쟁기지로 전락시키고 있다.

지난 5월 15일, 하와이 호놀룰루에서 열린 미국 육군협회 태평양지상군(LANPAC) 심포지엄에서 브런슨 주한미군 사령관은 한국의 지정학적 역할을 일본과 중국 본토 사이에 떠 있는 섬이나 "고정된 항공모함"이라고 인식하였다. 이는 이제 주한미군이 조선에 대한 배타적 방어를 넘어 중국에 대한 견제와 압박 등 인도-태평양 전략의 토대로서 미국의 이익을 위한 다영역 작전에 포괄적으로 동원될 수 있다는 의미로 주한미군의 역할 변화를 시사한 것이다.

한국을 향한 미국의 제국주의적 행태와 식민주의적 인식의 진화는, 한국을 중국을 향한 견제와 압박용 전진기지이자 고정된 전쟁도구로 간주하고, 주한미군을 더 이상 한국 방위가 아닌 미국의 패권전략을 위한 돌격대, 침략적 기동대로 활용한다는 전략적 유연성을 통해 나타나고 있다. 한국군을 미국의 패권전쟁에 자동개입 시키는 이 같은 전쟁전략은 필연적으로 조선의 개입을 유도하므로 한반도를 핵전쟁을 불사하는 대리 전장으로 전락시킬 수 있는데, 이는 평화에 대한 심각한 위협이자 자주권의 침해요, 한미상호방위조약을 정면으로 위반하는 것이다. 전쟁충돌 위기가 고조되어 있는 대만해협이나 남중국해에서 미-중 간 무력분쟁이 발생할 경우, 평택과 오산 등에 위치한 주한미군기지는 중국의 일차적 타격 대상이 될 것이고, 한국은 자위권도, 선택권도 없이 고정된 표적이 되어 전쟁에 끌려 들어갈 수밖에 없게 된다. 이는 대북 억제력과 한국 방위를 목적으로 규정한 한미상호방위조약 제3조의 명백한 위반이며, 주권국가로서의 존엄을 훼손하는 횡포이다. 한국은 미국의 대중국 견제와 압박 전략의 앞잡이 역할을 하는 '고정된 항공모함'이 아니요, 한반도는 미-중 패권전쟁의 대리 전장으로 쓰이는 소모품이 아니다.

2024년 기준으로 한국이 부담한 주한미군 주둔비는 1조 5천억 원에 이름에도 불구하고, 미국은 한국을 자신들의 ATM 기계, "Money Machine"으로 인식하고, 방위비 분담금을 100억 달러, 한화 약 13조 8천억 원으로 인상할 것을 압박하고 있다. 하지만 주한미군이 스스로 한반도 방위군이 아니라 대외 기동군임을 천명한 이상, 방위비 분담은 명분도 법적 근거도 없다. 이제 평화주권자 대한국민은 물어야 한다. 한국의 대조선 방위군이 아니라 미국의 인도-태평양전략의 기동군인 주한 미군이 자국의 패권적 이해관계만 앞세워 한국을 미국의 고정된 항공모함으로 인식하며 병참기지화, 전진 기동군 기지화하는 상황에서, 우리가 왜 이런 막대한 주둔비를 바치며 붙들고 있어야 하는가? 자국의 패권적 이익을 위해 남의 땅에 군대를 주둔시키고, 안보 위기를 미끼로 방위비 인상을 지속적으로 요구하며, 주둔국을 자신들의 다영역 패권전쟁에 끌어들이는 군대가 이 땅에 남아 있을 명분이 있는가? 한국을 미-중 대결의 전초기지로 삼아 대한국민의 안전과 한반도 평화와 안보를 위협하는 주한미군 없는 평화적 국가안보의 대안을 적극적으로 모색해야만 한다.

　12.3비상계엄사태로 추락한 대외 신인도를 회복해 나가는 새로운 출발점에 서 있는 한국은 민주적 회복 능력을 입증하기는 했지만, 국제질서의 대전환기와 맞물려 정상외교의 공백이 가져온 한계를 극복하기 어려운 상황이다. 한미동맹의 형질 변화로 인해 주한미군의 역할이 변화되고, 중국과 러시아와 일본 등 주변 강대국 들과의 관계 설정에 어려움이 노정되고 있다. 윤석열 정권이 바이든 정권의 '가치 외교' 기조에 굴종적으로 보조를 맞추며 한미동맹과 신냉전적 한미일 협력체제를 강화한 상황에서, 비상계엄 정국과 함께 시작된 트럼프 2.0시대는 바이든 정권과는 달리 미국 우선주의와 거래주의 외교를 지향하고 있다.

　미국의 일극 체제에 기초한 자유주의 국제질서가 해체되고, 브릭스(BRICS) 등 다수의 강대국 중심의 다극화 지정지경학의 시대가 열리고 있다. 이제 한국은 미-중 전략경쟁의 파고 속에 중첩점을 찾으면서, 미-중 사이 공간을 확보해 전략적 자율성과 유연성을 발휘하기 위한 경계의 적절선을 모색해야 한다. 다극화 시대에 다층적 연대의 필요성은 한국이 한미동맹의 '덫'에서 벗어나, 자주와 자강을 기초로 동맹과 국제연대를 결합하는 방식으로 외교 통상 및 안보전략을 전환할 것을 요청하고 있다. 과연 한국은 미국 없는 한반도를 상정한 대외 전략을 고민하면서 한미동맹 자체를 재구성하고, 유사 입장국이나 지구 남반부와의 다층적인 연대 강화로 미국발 지정지경학적 변화가 가져오는 충격을 완화할 수 있을까?

한미통상협정, 경제와 안보를 통합한 원스톱 '약탈' 전략

지난 5월 16일 제주도에서 APEC통상장관회의와 함께 제2차 한미통상협상이 진행된 이후 한국 시민사회에서 트럼프 정권의 관세전쟁에 내포된 미국의 통상 및 안보 수탈정책을 규탄하는 목소리가 높아지고 있다. 주권자 대한국민은 한미동맹을 지렛대로 삼고, 식민분단냉전체제의 구조적 안보 위기를 미끼로 삼아 경제와 안보를 통합하여 추진되는 '원스톱 쇼핑'식 한미통상협상을 우려하고 있다.

트럼프 정권이 중국과 캐나다와 멕시코 등의 강력한 반발이 이어지자, 영국, 일본, 한국, 호주, 인도를 우선협상국으로 지목하고, 협상의 속도와 성과를 올리기 위해 공격적으로 임하고 있는 상황에서, 윤석열의 내란 공범 내각은 미국의 일방적 요구에 용납할 수 없는 굴욕적 자세로 일관하였고, 윤석열의 파면으로 조기 대선이 치러지는 위기의 상황에서 사실상 여야 모두 한미동맹과 한미일 삼각협력체제에 기대어 미국의 인정을 받기 위한 굴욕적 한미통상협상에 임하므로 경제와 안보를 통합한 대미 종속 위기를 더하였다. 경제와 안보를 통합한 트럼프의 제국주의적 약탈 전략은 한미 통상협상을 토대로 한미동맹 현대화를 추진할 것이고, 여기에는 인도-태평양 지역에서 중국을 압박하기 위한 동맹의 성격 변화와 한미일 군사일체화와 주한 미군 방위비 증액 등 안보 비용 요구가 증가할 것이다.

한미통상협상 관계자들은 관세와 비관세 부문, 경제안보 부문, 투자협력 부문, 통화 및 환율 부문을 집중적으로 협상하면서, 트럼프 행정부가 제시한 상호관세 25%의 압박을 받으며 미국이 제시했던 '7월 패키지' 협상의 세부 항목들을 신속히 합의할 예정이라고 한다. 트럼프 정권은 누적된 자국의 무역적자와 재정적자 원인을 동맹과 파트너 국가 들에서 찾으며, 이를 해결하기 위해 사실상 전 세계를 대상으로 관세전쟁을 선포하고, 일방적인 수탈전략을 압박하고 있다.

한국의 세계 1위 조선기술이 미 해군의 병참 강화에 동원되는 상황에서 한화 오션은 미국의 낙후된 조선소를 인수하고, 미 해군 함정의 수리사업에 진출한다. 이는 안보협력을 빌미로 한국의 전략산업기술을 미국에 넘기고, 미국의 군사력을 뒷받침하는 식민지형 투자로 미국이 한국의 기술과 전문인력을 탈취하는 경로로 이용될 것이다. 국내 제조업의 일자리는 줄어들고, 한국 기업의 우수한 기술은 유출되고, 국민의 혈세는 미군 역량 강화에 투입되는 상황이다. 이는 명백한 대미 종속 투자이며 미국 군산복합경제에 복속하는 증거이다. 여기에 더하여 시장개방을 압박하므로 농민들의 고통을 가중시키고 있다.

이 과정에서 트럼프 정권은 한미 간 세부 협상내용과 협상 품목에 대해 비공개 원칙과 밀실 협상을 압박하며, 협상 과정에 주권자 대한국민의 영향력을 차단하고 있다. 이제 주권자 대한국민은 한미통상협상을 통해 관철시키려고 하는 미국의 경제-안보 '원스톱 쇼핑'이 사실상의 '원스톱 약탈전략'임을 인식하고, 이를 저지하기 위해 저항해야 한다. 한반도의 식민분단냉전체제에서 한국의 군사주권을 장악한 채, 경제적 희생과 함께 미국의 전쟁패권을 위한 선봉대로 역할 할 것을 강요하는 미국의 부당한 압박에 맞서서 굴욕적인 한미동맹에 마침표를 찍고, 평화주권과 생명안보를 쟁취해야 한다. 세계의 지정지경학적 다극화의 흐름 속에서 세계의 주권국가들과 함께 상호평등과 호혜적 국제통상협력의 생태계를 새로운 차원으로 다변화해야 한다.

한미연합전쟁연습 중단과 조-미 및 한-조 대화 재개

윤석열 파면 이후 수립되는 한국의 새로운 정권이 주권자 대한국민과 함께 풀어야 할 근본적인 숙제는 한국의 민주주의와 평화, 민생과 경제, 기후 위기와 에너지 등 여러 가지 복합위기와 고도로 연결되어 한반도를 덮치고 있는 지정지경학적 파고를 어떻게 극복할 것인가에 있다.

미국의 트럼프 2.0시대가 시작되면서 우선적 관심사는 6년간 단절된 북미대화가 언제 어떤 방식으로 재개되어 '교전 중인 적대적 두 국가 관계'로 전락한 남북관계에 변화의 물꼬를 틀 수 있을 것인가이다. 트럼프 1.0시대에 형성된 '평창임시평화체제' 속에서 진행된 한-조 간의 판문점선언과 평양선언, 그리고 조-미간에 전개된 싱가포르와 하노이회담은 성과 없이 끝나고 남북 및 북미관계를 최악으로 몰아갔지만, 그 시기에 남긴 한반도 평화의 여운은 여전히 남아 새로운 대화 재개의 싹을 틔우고 있다.

트럼프는 지난 3월 31일에도 조선의 김정은 위원장을 가리켜 "나는 그와 아주 좋은 관계이고 아마도 우리는 어느 시점에 무언가를 할 것"이라는 특유의 일관된 정치외교적 수사를 발신했다.

2018년 한반도 상황과는 근본적으로 다른 차이점을 만들어낸 김정은 위원장이 2018년식 접근방식에 어떻게 호응할지 예단할 수 없지만, 그가 트럼프와의 재회를 활용할 가능성은 여전히 남아있다.

트럼프 2.0 시대에 외교안보 측면에서 여전히 한미동맹이 지닌 종속성에 길들여져 있는 한국은 북미외교를 중심축으로 풀어가는 한반도 문제에 진정한 당사자로 참여하지 못하고 하부관계로 전락할 수 있다. 한국은 트럼프 정권이 러시아-우크라이나(러-우)전쟁을 평화협정으로 종결하고, 러시아를 지렛대로 삼아 본격적으로 조선과의 대화 재개에 임하므로 조-미-러 사이의 '우호적' 삼각관계가 한반도 문제를 푸는 새로운 계기로 등장할 수 있도록 도와야 한다. 한국은 러-우 평화협상이 해법을 찾는 과정에서 이루어질 트럼프와 푸틴의 만남이 트럼프의 요청과 푸틴의 한반도 전략에 따라 조미정상회담의 성사로 이어질 수 있도록 평화외교에 힘써야 한다.

이를 위해 이재명 국민주권정부는 조선의 적극적 반응의 유무와 상관없이, 2018년 평창임시평화체제가 그해 3월에 예정되었던 한미연합군사훈련을 유예한 것을 계기로 형성되었던 것을 교훈으로, 선제적 평화조치의 일환으로 오는 8월과 9월에 예정된 한미, 한미일연합군사훈련을 유예하고 조-미대화의 재개 가능성을 높여야 한다. 2019년 8월에 트럼프와 문재인이 조선과의 약속을 어기고 한미연합훈련을 강행하므로 조-미 및 한-조 관계를 회복 불능으로 만들었던 것처럼, 역으로 이재명 국민주권정부는 한미

정상회담을 통해 오는 8월과 9월의 연합군사훈련 유예를 합의한다면, 이는 조-미 관계를 재구축하고 한-조 대화를 재개할 새로운 계기를 조선에 제공할 수 있을 것이다. 8월과 9월의 연합군사훈련 유예의 기회를 놓치면 조선의 반발로 조-미 간에 의미 있는 접촉은 이루어지기 어려워지고, 안보 정세가 악화되면서 한미 간 현안 문제를 처리하는데 있어 한국의 대미 의존도는 커질 것이고, 이는 방위비 분담금 상승과 한미동맹의 성격변화에 따른 주한미군의 전략적 유연성 확대 등으로 나타날 것이다. 이로 인해 한국은 관세전쟁에서 경제와 안보를 통합한 '원스톱 약탈'을 강행하고 있는 트럼프 정권은 물론이요, 포괄적 전략동맹으로 진전되어 가는 조-러 동맹에 대해서도 효과적인 대처가 어려워질 것이다.

평화정치환경 구축과 '동아시아 공동의 집' 짓기

이제 조-미정상회담의 조건과 환경을 조성하기 위해 8월과 9월 한미, 한미일연합군사훈련을 유예하는 것으로부터 출발하여 윤석열의 전쟁정치를 끝내고 평화정치환경을 만드는 제반 과제가 주권자 대한국민과 이재명 국민주권정부와 국회 앞에 놓여 있다. 이것은 헌법 제3조와 제4조, 국가보안법과 남북교류협력법, 남북관계발전법 등에 대한 개정과 제정을 포함한 새로운 한국의 탄생, 즉 비상계엄도, 전쟁유도 북풍공작도, 국가보안법도, 한미연합전쟁연습도 없는 제7공화국의 탄생이어야 한다. 제7공화국의 주권자 대한국민은 세계의 평화시민들과 함께 이재명 국민주권정부와 국회를 추동하여 한-미-일과 조-중-러의 신 냉전동맹체제에 의해 한반도에 고착화된 식민분단냉전체제를 한반도의 자주적 평화통일을 지향하는 동아시아공동평화체제로 전환하고 '동아시아 공동의 집'을 지어 나가는 민관 평화외교와 자주적 평화통일운동에 전력해야 한다.

제7공화국이 진정으로 한반도의 평화와 공존 공영을 바란다면 헌법 제3조와 제4조를 개정해야 한다. 자주통일의 전제조건이자 필요조건인 평화의 실천은 공존과 공영을 통해 성취되어야 한다. 한반도의 평화와 공존 공영은 근본적으로 적대적 남북관계를 지속적으로 반복하게 만드는 구조적 요인을 개선하는 '적극적 평화'의 실천을 통해 가능하다. "한국의 영토는 한반도와 그 부속도서로 한다."로 규정하므로 조선을 주권국가로 인정하지 않는 헌법 제3조와 "한국은 통일을 지향하며, 자유민주적 기본질서에 입각한 평화적 통일정책을 수립하고 이를 추진한다."로 명문화하므로 평화통일의 과정과 방법 및 목표를 한국식 체제로의 흡수통일로 상정하고 있는 헌법 제4조를 조선의 국가주권을 인정하는 적극적 평화 개념으로 수정해야 한다.

주권국가로서 조선의 실체를 인정하지 않고, 통일의 과정과 목표를 한국식 체제로의 흡수통일로 상정하고 있는 헌법 조항이 있는 한, 양국 정상 간의 회담이나 정부 간 합의, 그리고 남북교류협력법이나 남북관계발전법 등의 법률은 구조적 한계를 지닐 수밖에 없다. 조선은 1991년 9월 17일 남북 합의에 따라 한국과 함께 160번째 유엔 회원국이 되었고, 2025년 3월 현재 세계 159개국과 국교를 수립하고 있다. 조선은 이미 수많은 다양한 국제행사에

독립주권국가로 참가하고 있지만, 유독 한국만이 '특수관계'라는 핑계로 조선을 독립된 주권국가로 인정하지 않고 있다. 제7공화국은 1990년 이후 변화된 남북관계와 국제관계의 변화 모습을 반영하는 헌법 조항들의 개정을 동반하며 새로운 헌법적 토대 위에 수립되어야 한다.

이재명 국민주권정부는 한-조 간 대화 재개와 관계 개선을 위해 정략적 좌고우면 대신에 평화주권자 대한국민을 신뢰하고 상호주권의 존중과 평화공존을 한-조 관계의 핵심 기조와 전략으로 삼는 선제적 평화 조치를 실천해야 한다. 유엔 회원국으로서 한국과 조선에 대한 국가주권을 상호 인정하고 상호주체적으로 평화공존의 패러다임을 모색해야 한다. 김정은 위원장이 선언한 '교전 중인 적대적 두 국가관계'가 통일을 지향하는 평화공존의 관계로 전환되기 위해서는 종전선언과 평화협정 체결, 조미, 조일, 한-조 수교 등 조선의 주권과 한반도 및 동아시아 평화의 교환 전략이 필요하다. 주적 관계를 상호존중과 호혜관계로 전환하기 위해 호칭의 변화에서부터 시작하여 헌법 제3조와 제4조의 개정과 국가보안법의 폐지, 이에 따른 남북교류협력법 및 남북교류발전법의 수정보완이 이루어져야 한다.

한반도에 평화정치환경을 구축하기 위해서 이재명 국민주권정부는 트럼프가 지속적으로 관심을 표명해 온 조-미정상회담과 세계의 핵군축 및 미-중-러의 군사비 삭감 문제를 한미간에 의제로 만들어내야 한다. "북한 비핵화"가 아니라 트럼프의 관심사인 세계 핵군축의 관점에서 비핵화 문제를 다루므로 조선의 핵 무력 강화와 한국의 대미 안보 의존도 심화를 동시에 제어해야 한다. 세계의 핵군축 과정에서 미-중-러의 핵 보유량이 줄어들면 조-미 상호 핵군축의 가능성이 열리고, 이는 한반도나 동북아시아의 비핵무기지대를 추구하는 계기가 될 수 있다.

트럼프는 지난 3월 13일에 미국, 러시아, 중국의 핵군축 필요성을 강조하면서, 인도와 파키스탄 등과 더불어 조선을 대화에 참여시켜야 한다고 말하였다. 그 후 트럼프와 푸틴은 전략무기의 확산을 중단시킬 필요성과 함께 이를 광범위하게 적용하기 위해 다른 국가들과 협력하는 데 동의하였고, 이 같은 미-러 간의 대화를 조선 역시 환영하였다. 조선은 미국이 급격히 퇴조하고 중국과 러시아가 급부상하는 지정지경학적 변화 상황에서 자신의 미래를 미국이 아닌 중국이라는 거대한 경제적 국가적 혈맹의 배경과 러시아라는 정치군사적 강국을 통해서 지구 남반부와 함께 도모해 나가겠다는 기본전략을 재정립하였다. 따라서 자주적 주권국가로서 자국의 안보를 지키기 위한 정당한 명분을 가지고 200기 이상의 핵무기 확보를 위해 매진하고 있는 조선과의 핵문제 협상은 핵개발 동결과 핵 능력 감소를 통해 핵무력을 최소화하면서, 한미연합 군사훈련 중단과 대조선 제재 해제, 종전선언 및 평화협정, 국교수립과 지역평화안보체제 구축 등의 상응조치를 병행하므로, 사실상의 비핵화평화환경을 만들어가는 것으로 추진되어야 한다.

이 과정에서 이재명 국민주권정부는 조-미-러 사이의 대화 진전을 통해 조-러의 전략동맹이 강화되고, 미-러 관계가 러-우 전쟁을 매듭지으면서 재정립되고, 연장선상에서 조-미관계의 재구축과 한-조 간의 대화가 재개되도록 주체적 역할을 감당해야 한다.

한반도에 고착화된 분단냉전체제를 동아시아의 공동평화안보체제로 변화시키지 않는 한 한반도의 지정지경학적 운명은 변화되지 않을 것이다. 새로운 한국은 조-미 관계가 평화협정체결과 조-미 국교수립으로 진행되도록 적극적으로 도와야 한다. 조-미 관계의 개선은 조-일 관계 개선으로 이어지고, 조선은 국가주권을 인정받으며 수많은 대조선 제재로부터 자유로워진 채 세계 외교무대에 나아가 세계의 주권국가들과 함께 평화를 만드는 인권국가로 스스로를 변화시켜 나갈 것이다. 한국이 조선의 '적대적 두 국가론'에 대해 '평화공존의 두 국가론'으로 대처할 때 상호주권의 존중과 평화공존의 토대를 넓혀가고, 이 같은 평화적 지향이 조-미관계의 긍정적 발전과 함께 한-중-러의 관계를 정상화하고 대일 굴욕외교를 극복하는 길이 될 것이다.

올해는 광복 80주년이자 일본 패전 80주년이며, 한일국교 정상화 60주년을 맞는 해로 한일 관계에 대한 재정립이 필요하다. 1910년 8월 22일에 강제된 한국 병합조약과 그 이전에 체결된 모든 조약과 협정은 일제강점기를 포함하여 불법무효화 되어야 하며, 한반도 전역에 걸친 일본의 전쟁범죄와 식민지배에 대한 책임을 제대로 다루지 않은 1965년 한일기본조약 역시 무효화되어야 한다. 양국은 정의에 기반한 역사화해를 이루고, 재일 영주자들의 지방참정권 부여와 조선학교 무상화 실현을 통해 화해와 연대의 증표를 만들어야 한다. 양국은 신냉전적 한-미-일 삼각협력체제를 해체하고 조-중-러와 더불어 동아시아 공동의 평화안보체제를 구축하기 위해 조-미 수교와 조-일 수교를 이루어야 한다. 이는 일본의 평화헌법 9조의 유지와 미군의 역할 축소 및 철수를 통한 동북아시아 비핵 평화를 이룰 때 실효적 효과를 얻을 수 있다.

한반도의 평화정치환경의 구축을 위해 대러 및 대중 관계를 역지사지의 실용주의 외교의 관점에서 발전시켜 나가야 한다. 한-조 간 대화 채널이 끊긴 상태에서 러시아와 중국은 조선의 현황과 마음을 파악할 수 있는 통로가 될 수 있다. 국제질서의 변화 속에 이재명 국민주권정부는 기존의 냉전적 가치외교의 문법에서 탈피하여 실용외교의 기치 아래 새로운 국가전략을 모색해야 한다. '자유주의 대 권위주의'라는 미국 중심의 대외 접근법을 벗어나 다극화 질서에 대응하는 종합적이고 입체적인 전략이 필요하다. 한미동맹의 종속적 강화나 실효성 없는 균형외교 등 기존의 구태를 반복하지 말고, 자주적으로 '전략적 안정성'을 추구하는 발상의 전환이 필요하다.

하나 된 민족공동체의 얼굴을 그리며

미완의 해방 광복 80년의 길목에서 내란 수괴 윤석열이 이승만, 박정희, 전두환의 비상계엄역사를 이어받으며 그려낸 한국의 얼굴은, '교전 중인 적대적 두 국가' 상황에서 일그러질 대로 일그러진 '냉전의 얼굴', 비상계엄과 내란 및 외환으로 깨어진 '전쟁정치의 얼굴'이었다. 일제강점기 이후 1945년 해방공간기와 한국전쟁기, 적대적 공생관계기를 거치며 형성된 식민분단냉전체제가 만들어낸 반민주, 반평화, 반생명의 질곡을 넘어, 평화주권자 대한국민이 피와 눈물로 그려온 한국의 얼굴은, 반공독재, 군사독재, 검찰독재의 어둠을 이기는 빛의 얼굴, 거짓을 이기는 진실의 얼굴, 전쟁과 분단의 상처를 이기는 화해와 상생의 얼굴, 혐오와 차별을 이기는 환대와 평등의 얼굴, 죽임을 이기는 살림의 얼굴, 정의와 평화가 입 맞추는 생명의 얼굴이었다. 그래서 2024년 12월 3일 윤석열의 비상사태 선언 이후 열린 광장의 저항은 눈물겹도록 아름답고 정의로우며, 평화롭고 거룩한 빛의 저항이었고, 지난 4월 4일 윤석열의 파면은 평화주권자 대한국민이 지닌 K-민주주의 회복력을 전 세계에 다시 증명하였다. 이제 우리 평화주권자 대한국민은 내란 수괴 윤석열과 식민분단냉전 적폐세력을 물리치고, 한반도에 강제된 식민과 분단냉전의 가면을 벗어 던지고, 항구적인 평화를 향유하는 하나 된 민족공동체의 얼굴을 그리기 위해 어둠을 이기는 사회대개혁의 빛의 대장정을 함께 만들어 나가야 한다.

한-조 간의 지속적인 민간교류 재개는 한반도와 동아시아에서 지속가능한 평화정치환경을 발전시키는 핵심적 내용이다. 윤석열 정권은 남북교류협력법을 남북의 민간교류를 검열하는 법으로 전락시키고, 반공 반북 이데올로기를 앞세우며 모든 평화통일단체들을 반국가세력으로 몰아가는 전쟁정치를 자행하면서, 통일부를 남북교류를 감시하고 대북선전선동을 획책하는 반평화 반통일부로 전락시켰다. 식민분단냉전체제에 예속된 한반도에서 민족화해와 평화통일을 위한 국민주권의 실현은 위정자들과 그들이 규정하는 법에 의해 근본적으로 부정당해 왔다. 남북의 평화통일은 우리 민족의 염원이며 헌법이 규정하고 있는 국시인바, 평화통일은 한반도의 민의 참여 없이 가능하지 않다. 이는 조국통일 3대 원칙인 자주, 평화, 민족대단결 속에 담겨 있는 근본 인식이며, 민족의 평화와 통일을 위한 의사결정 과정에 민중 참여 우선 원칙을 내세운 정신이다. 지정학적 상황의 변화에 따라 남과 북 정권 간의 관계가 바뀔 수 있지만, 그 어떤 변화된 상황에서도 남북민간교류만큼은 중단하지 말고 촉진되고 장려되어야 한다. 남북의 민간교류는 서로 다른 체제의 평화주권자인 민(民)의 만남을 통해 이데올로기의 간극을 넘어 보편을 추구하면서 이질성의 조화를 찾아가는 평화의 여정으로, 이는 동아시아 공동의 평화체제를 추구하는 민의 평화운동으로 확장될 것이다.

이제 빛의 혁명이 탄생시킨 이재명 국민주권정부가 정권의 안정과 재창출을 위한 정치공학에만 매몰되어 실용주의적 개인기에 의존한 채 사실상 역사의 진보는 이루지 못하고 광장의 민의를 저버리는 정치적 좌절을 가져오지 않기 바란다. 12.3비상계엄사태를 전면에서 저지하고 난파하는 한국을 복원시킨 주권자 대한국민은 먹고 사는 문제만 해결해주면 만족하는 '동물농장'의 객체화된 구성원이 아니다. 우리는 주권자 시민사회와 국회가 새롭게 창출된 정권과 더불어 한반도의 생명안보를 증진하기 위해 상호주체적으로 참여하는 국가경영을 도모하며, 차별과 혐오가 사라지고 경제민주화를 이룬 평등한 한국, 통일을 지향하며 평화적으로 공존하는 자주적 한국을 함께 건설해 나가기를 희망한다. 분단냉전 이데올로기에 가스라이팅 되어 살아온 지난 80년 세월 속에 축적된 노예성의 굴레를 벗어던지고, 자주와 평화와 통일 사이에 상호비판적 상관성을 지닌 주권자 의식을 함양해 나가면서, 남남 갈등의 장애를 넘어 남북 분단을 극복하고 하나 된 민족공동체의 얼굴을 그려 나가야 한다.

자주정치, 자주외교로 국민주권 실현하자

박준의 국민주권당 상임위원장

한국에 대한 미국의 내정 간섭과 개입이 아주 노골적입니다. 미국의 압력으로 인해서 한국은 정치, 경제, 외교 전반에서 자주적으로 발전하지 못하고 있습니다. 변화하는 세계적 흐름, 즉 다극화 시대에 주도적으로 대응하는 데 한계를 안고 있기도 합니다. 특히 한반도 평화와 남북관계 발전이 미국에 의해 차단되고 있습니다.

한국에서는 불과 10년도 안 되는 기간에 평화적인 민주항쟁으로 두 번이나 대통령을 끌어내리고 독재정권을 끝냈습니다. 국민들이 보여준 주권의식과 역량은 세계 어느 나라도 따라올 수 없는 경지에 올랐습니다. 그럼에도 불구하고 한미관계에서는 근본적인 변화가 없고, 주종관계와 같은 비정상적인 상황이 계속되고 있습니다. 미국은 무리하게 자국의 이익을 추구하면서 사사건건 한국 국민들과 충돌하고 있습니다. 이제 한미관계에도 근본적인 전환을 해야 할 때입니다.

미국의 한국에 대한 압력, 내정 간섭과 경제적 수탈이 너무 노골적이어서 도저히 참을 수 없습니다.

미국 의회조사국은 작년 12월 불법 계엄 직후에 발표한 보고서에서 당시 이재명 민주당 대표를 친중친러, 반미반일 성향이라고 낙인찍은 바 있습니다. 이재명 대표가 여러 가지 범죄 혐의를 받고 있다고도 적시했습니다. 조셉 윤 미 대사 대리는 윤석열 파면 헌법재판을 늦춰서 윤석열과 이재명을 다 날리자는 구상을 얘기하기도 했습니다. 한국 정치에 대한 노골적인 개입입니다.

주한미군 사령관 브런슨은 한국이 중국과 일본 사이에 있는 항공모함이라면서, 한국을 대중국 전초기지로 삼겠다는 의도를 노골적으로 내비쳤습니다. 이런 구상은 현재 한미상호방위조약에도 어긋날 뿐만 아니라 우리 국민들의 의사, 감정을 대놓고 무시하는 발언이었습니다. 미국 국무부와 군부 인사들은 한국의 대중국 전선 참여를 압박하는 언사들을 계속 이어갔습니다.

관세 협상 국면에서는 주한미군 감축 가능성을 흘리고 방위비 분담, 안보 비용을 더 증액하라고 압박하면서 일방적인 양보를 강요하고 있습니다. 미국의 내정 간섭과 안보 관련 압박, 경제적 수탈은 우리 국민들의 반감을 급격하게 키우고 있습니다.

한편 이제 막 출범한 이재명 정부에게 한미관계는 가장 큰 위기 요인입니다. 미국에 기대는 편중 노선, 한미동맹을 절대시하는 외교로는 이 난관을 넘어설 수 없다는 것이 분명합니다. 미국의 요구를 좇을수록 국익과 주권이 훼손되고 국민들의 반발에 부딪히게 될 것입니다. 이재명 정부는 미국을 추종할 것이 아니라 국민을 믿고 국민에 기반해서 미국에 당당하게 맞서야 합니다. 그것이 국민주권정부의 성공 여부를 가르는 중대한 기준이 될 것입니다.

미국의 힘이 약화하고 있는 국제 정세, 친미친일 기득권세력이 궤멸 위기에 빠진 정국, 국민주권 기운이 성장한 한국 사회를 종합적으로 고찰해 보면 한미관계를 전환해 자주정치, 자주외교의 새로운 지평을 열어낼 때라고 확신합니다.

자주정치는 철저한 국민 중심의 정치입니다. 큰 나라의 이념, 가치관이 아니라 우리 국민들의 지향, 이상을 국정 철학으로 해야 합니다. 강대국 중심의 세계 질서에 순종하는 것이 아니라 우리나라 스스로 우리 운명의 주인이 되어야 합니다.

자주정치는 자주적인 외교, 국익 중심의 능동적인 경제 관계를 맺어나가는 것에 기초가 됩니다. 미국에 기대는 정치로는 국방, 안보에서도 더 큰 위기를 초래할 뿐입니다. 경제 관계와 교역을 미국 편중에서 벗어나 다변화해야 합니다. 중국, 러시아, 브릭스 국가 등 우리가 진출할 세계는 넓습니다. 미국은 우리의 확장에 오히려 걸림돌이 되고 있습니다. 중국, 러시아와 교역을 넓히는 것은 안보에도 큰 도움이 됩니다. 이재명 대통령의 북극항로 구상도 중국, 러시아와 협력해야 현실이 될 수 있고, 그런 관계가 되면 우리의 안보 환경에서 획기적인 변화가 일어날 것입니다.

한미동맹 중심주의에서 벗어나야 우리나라가 다극화의 새로운 세계, 국제적인 새 민주질서 수립에 적극적인 역할을 할 수 있습니다. 또한 남북관계에도 새로운 돌파구가 열리고 한반도 평화체제의 가능성이 열릴 것입니다.

이제 주한미군의 철수도 본격적으로 공론화하고 검토해야 합니다. 다른 나라 군대가 주둔하고, 그 군대에 나라의 운명이 걸려 있는 상태는 정상이 아닙니다. 미국이 한반도 방위에 대한 부담을 토로하고, 미군의 활동 범위를 유연화하려는 상황에서 우리가 붙잡을 필요가 없습니다. 전작권 환수와 미군 철수로 자주국방의 새로운 전기를 마련해야 합니다.

미국의 계속되는 내정 간섭, 정치공작을 단호하게 차단해야 합니다. 미국, 일본과 한국의 극우세력이 연계, 협력, 지원하면서 정치에 훼방을 놓고 있습니다. 한국의 극우세력은 국민, 국익이 아니라 외세에 편들어 자기의 권력을 누리려는 집단입니다. 사대극우세력을 확실하게 청산해야 합니다.

자주정치를 할 수 있는 힘은 오로지 국민에게 있습니다. 기득권 정치세력은 태생적으로 자주정치의 주역이 될 수 없는 한계를 안고 있습니다. 그들의 권력 자체가 한미동맹 체제, 사대주의에 기반하고 있기 때문입니다. 우리는 이 현실을 냉철히 직시해야 합니다.

국민주권의식이 비약적으로 발전했고, 국민들 스스로 정치적 힘을 다방면적으로 발휘하고 있는 오늘의 현실에서 국민들이 정치의 주인으로서 자주정치를 견인해 나가야 합니다. 미국이 관세 협박, 안보 강요를 하지만 우리 국민들의 반미감정이 커질 것을 대단히 우려하고 있습니다. 우리 국민들이 자주와 주권의 목소리를 높이고 여론이 확산하며 저항 행동을 강화하면 미국도 물러설 수밖에 없습니다. 한걸음 한걸음의 전진이 결국 자주정치로의 전환을 열어낼 것입니다.

자주와 국익, 평화를 원하는 모든 세력이 힘을 합쳐야 합니다.

반미주의자이건 극미, 탈미를 주장하건 서로 배척할 이유가 없습니다. 반미도 필요하고 미국에서 벗어나는 대안도 필요합니다. 국익과 주권의 기치 아래 정당, 단체, 시민사회가 광범위하게 뭉쳐서 싸워야 합니다 .

트럼프의 독선적 행패, 패권주의와 국제적 깡패짓에 대한 국민적 공분을 더 크게 일으켜 나가는 것이 중요합니다. 주한미군을 유연화하려는 것에 맞서 미군이 주둔비를 내라, 그게 아니라면 차라리 나가라, 이런 요구를 여론화해야 합니다. 또한 미국이 우리 주권을 무시하고 짓밟는 행위, 예를 들어 뻔뻔하게 미 대사관 임대료조차 내지 않는 것, 불평등한 협정으로 인해 우리의 사법권이 침해당하는 문제 등에 대해서 주권국가로서 상식적인 요구를 들이대야 합니다. 정부가 나서서 미국에 제공되는 특권, 특혜를 거론하며 미국을 압박하는 카드로 사용할 만한 정국을 만들어야 합니다. 이런 국면을 만들어내는 힘은 전적으로 국민들에게 있습니다.

자주정치, 자주외교는 국민주권 실현의 전제이고 상징입니다. 세계에 유례를 찾을 수 없는 독보적인 주권자들, 내란을 진압하고 국민주권정부를 세워낸 위대한 국민들이 있기 때문에 이제 자주정치가 꽃을 피우게 될 것입니다.

80년 분단, 116년 식민지와 종미의 시대를 이제 끝장내자

최규엽 전 민주노동당 최고위원

1945년 9월9일 미 점령군이 주둔하면서 자주적으로 건설한 민중들의 전국적 인민위원회를 탄압 제거하고 3년여 미군정을 폭압적으로 펼침으로써 일제 식민지에 이어서 39년여 동안 한반도 남쪽은 식민지가 지속되었다.

미국은 한반도에 군홧발을 들여놓은 후 38도선 이남을 소련 공산당과 중국 공산당 그리고 북쪽 정권을 겨냥한 반공산주의 군사 전략기지로 만들기 위해서 1947년 3월 트루먼 독트린을 선언한 후 우리 민족의 분단획책을 이승만, 김성수 등 한민당 세력과 친일부역자들을 동원해서 본격적으로 추진해 나갔다.

이러한 미국의 분단 정책에 반대하는 전 민족적 저항을 미국은 총칼로 무참히 짓밟고 우리 민족을 두 동강이로 갈라놨다. 김구 선생이 예언한 대로 미제에 의해서 저질러진 우리 민족의 분단은 결국 참담한 민족상잔을 일으키는 근본적 원인이 되었다. 북의 일방적 남침에 의해서 6.25전쟁이 발발한 것으로 되어있지만 당시 미군 당국자와 한국군의 증언 그리고 많은 연구자들의 유인론에 관한 주장들을 보면 미국도 철저히 6.25전쟁을 준비하고 있었다

는 것을 알 수 있다.[1]

결국 1948년 미국의 주도로 남쪽만 정부를 수립했지만, 껍데기만 독립국가지 내용적으로 보면 미제의 배후 조종에 의해서 쿠데타로 집권한 독재자들의 종미정권이었고 미제의 신식민지였다. 미국의 배후 조종으로 5.16 박정희 군사쿠데타와 전두환 12.12 반란이 일어났고, 미국 승인하에 전두환은 광주 민주시민을 학살했다. 1987년 6월항쟁 시기에는 5.18 광주민중 봉기에 놀란 미국은 전국적인 민중 항쟁이 두려운 나머지 전두환의 계엄령 선포 시도를 거부한다.

소위 대한민국이 그나마 독립국가 모양새를 갖추기 시작한 것은 87년 6월 항쟁으로 국민의 힘으로 진정한 나라의 통치자를 선

---

1) 6.25전쟁은 ・조선 민중들의 가슴 속에 실제적 분단의 벽을 강제했다. ・미국과 남쪽 종미정권의 저강도 공작으로 혐오의 대상 미국을 천사로 만들어 놓았다. ・민족민주운동의 주체역량을 심대하게 파괴했다. 북은 7.27을 전승절로 기념하고 있으나 남의 진보 진영은 착잡한 현실이다. ・당시 정세는 이승만 정권이 완전히 고립되어 가는 형국으로서 남북통일의 가능성이 어느 때보다도 높은 것이었다. 이렇게 볼 때 6.25전쟁의 진실을 밝히는 것은 반미투쟁을 전개하는 데서 대단히 중요한 위치를 점한다. ・6.25전쟁은 미국과 이승만의 분단 획책에 저항하는 과정에서 발생한 것은 분명하다. 미군 점령 이후 6.25전쟁 전까지 1949년 국보법으로 11만 8,621명이 처형되는 등 수십만 명이 제주 4.3항쟁 등 미국에 저항해서 싸우다가 사망한 것을 봐도 알 수 있다. 이렇게 볼 때 6.25전쟁의 성격은 민족해방전쟁이라고 볼 수 있을 것이다. 다음으로 누가 먼저 침략을 감행했는가의 문제이다. 사실 당시 38선에서는 48년 하반기부터 끊임없이 남북 간에 국지전이 지속되고 있었기에 선제공격 문제가 중요치 않다는 주장도 있으나 반미투쟁 수행에서 또한 민족민주운동을 평가하는 데 있어서 무시할 수 없는 요소이다. 일본판 동아시아 역사 사전 조선전쟁 란을 보면 북침론, 남침론, 유인론에 대한 논문들이 소개되어 있다. 소련 몰락 이후 비밀문서 공개 확인을 이유로 남침론을 기정사실화하고 있으나 북과 중국 등은 여전히 북침론을 주장하

출하기 시작한 때부터였고, 97년 김대중 문민정부가 출범함으로써 자주적 독립국가로 부를 수 있는 상황이 형성되었다고 볼 수 있을 것이다. 물론 대한민국은 아직도 세계에서 보기 드문 을사늑약에 버금가는 불평등한 한미상호방위조약과 한미행정협정 등으로 군사적 주권을 박탈당하고 있어 완전한 독립국가라고 볼 수 없다.

21세기 지금에 있어서도 국가들 사이의 관계에서 힘의 논리가 지배적으로 통하는 조건에서 군사적 주권이 없으면 정치, 외교, 경제 등에서도 간섭과 지배를 받을 수밖에 없는 것이다. 남북관계에서 자행하는 작금의 미국의 간섭과 개입을 보면 실감할 수 있을 것이다.

고 있고, 브루스 커밍스 등은 유인론을 주장하고 있다. 유인론의 근거 몇 가지를 얘기하면 23여년 CIA극동본부 간부로 일한 하리마오의 〈38선도 6.25전쟁도 미국의 작품이었다〉와 미공군특수첩보대장 도널드 니걸스 회고록, 국군 1번 이형근 장군의 증언 등을 보면 미국은 북의 04시 남침 시간까지 사전에 알고 있었다고 주장한다. 그 이외에 국방비 두 배 증액, 주일미군의 전쟁 준비 구체적 동향 등 미국이 전쟁을 본격적으로 모의하고 준비한 정황은 차고 넘친다. 맥아더의 인천상륙작전도 전쟁 전에 이미 계획되어 있다고 브루스 커밍스는 주장한다. 그러나 2025년 새해 나온 북의 영화 72시간은 6.25전쟁 발발 상황을 시간별로 자세히 기록하면서 북침을 증거하고 있다. 북은 결코 민족상잔의 참극을 원하지 않았다고 강하게 주장하고 있다.

미국의 압도적 영향력 아래에 있었던 미국 앞마당 유엔에서는 당시 한국에 조사단을 보내서 6.25전쟁의 진상을 조사해서 보고하도록 했다. 그러나 이 조사단은 북이 전면적인 남침을 감행했다는 증거를 확보할 수 없었다. 이들이 보낸 전보는 어느 쪽이 먼저 전면전을 했는지 알 수 없다는 것이었다. (북미 대결 70년사 I.F 스톤 한국전쟁 비사 재인용), 또한 당시 인도와 유고슬라비아 대표는 북이 침략국이라는 결의안 내용을 거부했다.

이제 80년 분단과 116년 식민지와 종미의 시대를 끊어내야 할 때다. 미국의 지배와 간섭을 끝장내고 6대 선언 정신[2)]에 입각해서 개성공단과 금강산을 다시 여는 등 남북협력과 교류를 전면적으로 다시 전개하고, 한미일 군사훈련을 중지하고, 궁극에 평화협정을 쟁취해서 한반도 평화정착을 이뤄낸 후 특히 6.15공동선언의 통일방식 정신에 입각해서 통일국가를 건설해야 한다.

민족통일은 당위다

'왜 통일을 해야 하는가?'라고 묻는 것은 '왜 당신은 어머니를 사랑해야 하는가?' '왜 당신은 강제로 헤어진 가족을 보고 싶어 하는가?'라고 묻는 것과 어떻게 보면 비슷한 질문이다. 왜냐하면 우리 민족이 분단된 것은 우리의 자율적 의지에 의해서 스스로 우리 민족이 선택한 것이 아니라 우리 민족의 의지에 반해서 미 제국주의에 의해서 강제로 분단되었기 때문이다. 통일은 강제로 헤어진 가족들이 함께 다시 모여서 사는 것이다. 함께 모여서 무엇을 하고 살지는 그다음 문제다. 무엇을 하고 살아야 하는 문제가 결코 중요하지 않다는 것이 아니다. 선차적 과제가 아니라는 것이다. 통일의 방법과 절차는 남과 북의 통일운동 진영에 이미 충분히 축적되어 있다. 6.15공동선언에서 시작하면 된다.

남북 민족이 행복하게 살기 위해서라도 통일은 지상과제다. 민

---

2) · 박정희 시기 7.4남북공동성명 · 노태우 시기 남북기본합의서 · 김대중시기 6.15공동선언
· 노무현 시기 10.4선언 · 문재인 시기 9.19합의와 4.27선언

족을 구성하는 주요 요소는 핏줄과 언어와 문화의 공통성, 경제생활의 공통성이다. 핏줄과 언어도 다른 유럽 국가들이 유럽연합을 건설하고 다른 나라들과 경쟁하고 있고, 최근 아프리카 연합 강화 움직임, 2천년대 남미 국가들이 활발하게 추구했던 남미국가연합 결성 등을 보라!

'분단을 막고자 했던 남북정당사회단체 연석회의'

미 제국주의와 이승만, 한민당 등의 민족분단 획책과정을 저지하기 위해서 열렸던 1948년 남북 정당사회단체들 연석회의를 살펴보면서, 분단 과정과 분단을 막기 위한 남과 북의 민족주의적 투쟁이 어떻게 진행되었는가를 간단히 살펴보고, 민족통일의 당위성을 확인해 본다.

모스크바 삼상회의에서 결정된 '신탁통치안'은 다시 5년 동안 5대 강국의 식민지가 되는 것이 아니라 조선 민족이 자주적으로 정부를 구성하고 독립국가를 세워나가되 5대 강국이 후견인으로서 역할 한다는 것으로서 사실상 독립국가를 세우는 것이나 마찬가지였다. 그러나 남북통일정부가 세워지면 자본주의 보다는 사회주의적 경향의 나라가 세워질 것이라는 우려와 군사기지로서 이남의 중요성을 인식한 미국은 미소공동위원회를 의도적으로 파탄시키고, 유엔이라는 자신들의 앞마당을 악용해서 남한만의 단독정부 수립을 획책한다.

이때 북의 정당사회단체가 단선단정을 막기 위한 남북 연석회의를 남쪽의 단체들에 제안하자 진보적인 정당들은 물론이고 김구 김규식 등 우익정당 인사들을 비롯해서 중간 정당 단체들 절대 다수가 이에 호응한다. 남쪽에서는 단선단정에 반대하여 48년 2백만여 명이 참여하는 2.7구국투쟁을 벌이기도 한다.

드디어 1948년 4월 19일, 남과 북의 정당사회단체 대표 545명이 참석하여 회의를 시작했는데, 사흘 후 21일에는 참여단체가 늘어나 56개 정당사회단체에 605명의 대표가 참여하게 되었다. 참가자를 직업별로 보면, 노동자가 154명으로 가장 많고, 농민 111명, 정당사회단체 활동가 195명, 도시빈민 37명, 문학예술가 28명, 학생 22명, 종교인 14명, 상업 39명 등이었고 기업가는 9명에 불과했다.

반공주의자로서 김일성을 암살하기 위해서 암살단까지 보내곤 했던 김구 선생은 민족의 분단은 어떤 일이 있어도 막아야 된다는 일념으로 "38선을 베고 죽을지언정 민족분단은 있을 수 없다."고 하면서 북행길에 오른다.[3] 미국 사람들은 당시 이승만 보다는 남쪽에서 존경을 많이 받고 있었고, 미국과도 막역한 김규식 선생을 단독정부가 수립될 경우 대통령으로 삼으려는 계획까지 갖고 있었는데, 김규식 선생은 이를 뿌리치고 며칠 늦게 출발한다.

---

3) 막 방북을 결심할 당시 김구 선생은 '남쪽의 분단 세력에게 죽을 수 있다는 것만이 아니라 회담이 잘못되면 북의 공산주의자한테도 죽을지 모른다'는 뜻을 내포하고 있었다. 그는 가기 전에 시 한 수를 남겼는데, "눈 덮인 들길을 걸어가노니 섣불리 헛딛지 말지어다. 내가 가는 오늘의 발자취가 뒤에 올 사람의 표지가 되리니" 그러나 방북 과정에서 김구 선생은 북의 지도집단들에 대한 불신이 어느 정도 극복되었다 한다. 민족 분단을 막지 않으면 민족 내전이 일어나 수많은 동포가 죽을 것이라는 그의 예언은 불행히도 서거한 지 1년도 안 되어서 적중했다.

'맥아더의 수수께끼'(1951년, 일본 지지통신사간, 289~290쪽)라는 책을 보면 "이 회의의 남조선 대표 가운데는 이승만과 한민당을 빼놓고 남조선에 있는 모든 정당 사회단체 등이 모두 참여하였다. (중략) 이처럼 절대다수의 남조선 사람들이 참여한 것은 조국통일에 대한 그들의 본능이 얼마나 뿌리 깊은 것인가를 보여주는 것이다"라고 하고 있다.

회의 참가자들은 먼저 '조선정치 정세에 대한 결정서'를 채택하는데, 그 내용을 보면 "남조선을 강점한 미제에 의한 '조선 문제의 유엔상정', '유엔 임시조선위원단 조작', '남조선 단독 선거 실시 획책' 등은 조국에서 남조선을 영원히 분리하여 미국의 식민지로 전환시키려는 기도로서 그것을 격렬히 반대하며, 그것을 지지협력하는 이승만, 김성수 등을 배족적 매국노로 낙인 단죄한다."라는 것이었다.

두 번째로 '남조선 단독선거 반대 전국투쟁 위원회' 결성을 결의하고, 세 번째로는 '전조선동포에게 격함'이라는 격문을 채택했는데, "민족적 양심이 있는 조선사람은 누구도 이러한 선거에 참가하지 않을 것이며 이러한 정부를 인정하지 않을 것이다."라 했고, 네 번째로는 소련 정부와 미국 정부에 보내는 호소문이 채택되었는데, "1천만 이상의 당원들과 맹원들을 망라한 남북조선 56개 정당, 사회단체 대표자들이 한자리에 모여 (중략) 조선 인민에게는 외국의 간섭 없이 자기 손으로 통일적 민주정부를 수립할 능력이 있다"고 전제하고, "조선에서 소미 양국 군대를 동시에 철거케 하고 외국의 간섭이 없이 조선 인민의 자기 뜻대로 자유롭게 민주주의 선거를 전국적으로 실시하여 통일적 민주주의 국가를 창설하여 우리 조국의 진정한 민족적 독립을 가지게 하며 전 세계에 자유 애호국가의 동등한 일원으로 될 수 있는 가능성을 가지게 할 것을 요청한다"로 되어 있었다. 소미 양군은 철거하고 조선 사람들이 자주적으로 자유롭게 민주주의 선거를 하겠다는 것이었다. 너무나 당연한 요구였다. 그런데 이 연석회의를 개최하기 전에 이미 소련군은 북조선에서 철거한다고 발표한 상태였다. 문제는 미국이었던 것이다.

이리하여 회의가 끝난 후 남쪽에서는 단선단정 반대투쟁이 전국적으로 일어나는데, 서울시와 제주도 포함 152개 시군 가운데서 142개 시군 100만여 명의 민중들이 참여했고, 여기에 대한 미군정의 탄압으로 5만여 명의 민중들이 투옥되고 학살되었다. 제주 4.3항쟁으로 8만여 명의 사상자가 나온 것도 이때 일어난 사건이었다. 이미 내전은 시작되고 있었던 것이다.

결국 5.10선거는 전 민중의 항쟁으로 제대로 실시되지 못했다. 당시 선거위원회의 공식 발표에 의하더라도 경북의 경우, 유권자의 80~90%가 선거에 참여하지 못했고, 제주도에서는 3개 선거구 중 2곳은 선거를 할 엄두도 내지 못했다. 선거가 진행된 10여 일이 지난 5월 22일까지도 30개나 되는 선거구의 투표결과를 발표하지 못했다. 유엔임시조선위원단의 일원이었던 호주 대표의 경우도 이 선거를 인정하지 않는다고 발표하기도 했다.

이런 상태에서 48년 6월 29일 30여 개 남북정당사회단체지도자 협의회가 소집되었고, 민족 스스로 자유로운 남북총선거를 통해 진정한 민중의 최고입법기관을 세우고, 조선민주주의인민공화국을 창건하기로 합의한다.

다만 남쪽의 경우 미군정의 살인적인 탄압 때문에 공개합법 선거가 불가능하므로 비밀 서명 작업을 통해서 선거인단을 선출하고 이 선거인단이 북에 모여서 최고인민회의대의원을 선출하기로 하였다. 이리하여 8월 25일 선거가 실시되었는데 북쪽은 99.7% 선거에 참여해서 98.4% 찬성투표로 민주주의민족통일전선에서 추천한 공동입후보자 212명이 대의원이 선출되었고, 남쪽은 전체 유권자의 77.52%, 673만 2,407명이 참가하여 1,080명의 대표를 선출하고, 이들이 모여서 인구 5만 명당 1명의 비례로 해서 360명의 최고인민회의대의원을 선출했다.

어쨌든 이리하여 남쪽 360명, 북쪽 212명으로 해서 최고인민회의가 구성된 것이다. 또한 미군정은 이 기간동안 수만 명을 체포하고 수천 명을 학살했다 한다. 이 선거의 민주성과 대표성 그리고 정당성에 대한 평가는 앞으로 더 연구할 과제라고 보나, 적어도 당시 남북 민중 대다수는 이 선거 결과를 존중했을 것으로 생각된다.[4]

---

4) 강정구 교수는 6.25전쟁에 대해서 기존 학계의 입장과 다른 자신의 의견을 피력했다고 해서 국가보안법 위반으로 법정에 서야 했고, 집행유예형을 받고 교수직을 잃었다. 한국 사회는 아직도 해방 전후 현대사에 관한 한 학문의 자유는 없다. 얼마 전까지만 해도 미국을 반대하면 국가보안법으로 구속시켰다. 한국 대학생들이 미국 국기를 불태우면 구속된다. 미국 대학생이 미국 국기를 불태웠다고 해서 구속되진 않는다고 한다.

1949년 김구 선생의 죽음은 민족분단을 저지하기 위해서 공산주의자인 김일성과 연대하고 미 제국주의 정책에 반대했다는 것 때문이었다. 이때부터 민족통일과 평화를 위해서 미국에 반대하고 북과 연대하는 민족주의자의 길은 죽음의 길을 선택하는 것과 마찬가지였다.

민족통일은 서두에서 지적했듯이 우리 민족을 분단시키는 데 주동적인 역할을 했고, 6.25전쟁에도 일정한 책임이 있으며, 6.25전쟁 후 한반도 군사 긴장을 지속시키고 있는 미국을 청산하지 않고 평화도 통일도 불가능하다. 또한 남북 사이의 평화는 남북이 통일될 때 완전히 보장된다. 통일운동과 결합하지 않는 평화운동은 적어도 한반도에서는 공허하다. 국가보안법을 폐지하고 평화협정을 성취하는 것이 우리의 당면과제임은 물론이고, 6.15 공동선언에 입각해서 동시에 올바른 통일방안을 합의 확산시켜 나가는 일도 중요할 것이다.

한반도 군사 긴장의 주범은 누구인가?

6.25전쟁 후 맺은 휴전협정에는 평화협정을 위한 정치회담을 할 것과, 외국군 주둔과 외국무기 수입을 금하고 있다. 이러한 휴전협정을 전면적으로 위반한 나라가 미국이다. 제네바 정치회담을 거부했고, 미군을 주둔시킴은 물론이고 남쪽 땅에 전술핵 무기 1,000여 개를 배치하고 해마다 팀스피릿 훈련을 통해서 핵전쟁 연습을 함으로써 한반도 정세를 전쟁 국면으로 몰아갔다.

1994년 빌 클린턴 대통령이 영변을 폭격하려고 했으나 포기하고 북 핵 문제를 중심으로 한 제네바 협정을 맺었지만, 미국은 북이 고난의 행군 과정에서 붕괴할 거로 예측하고 협정을 발로 차버렸고, 2000년 북의 조명록 특사와 클린턴이 백악관에서 만나 북미 수교 등을 중심으로 합의한 조미공동코뮤니케도 부시 당선 후 휴지 조각이 되어 버렸다. 트럼프도 취임하자 북폭을 구체적으로 계획하고 집행하려 했으나 중단하고 북미 정상회담을 두 차례 했으나 미국의 거부로 아무런 성과가 없었다.

노무현 정부시기 정동영 당시 통일부 장관의 노력으로 성사된 2005년 제4차 6자 회담에 의한 9.19성명, 2007 제5차 6자 회담에서 합의한 2.13합의 등도 미국 단독으로 방코델타아시아(BDA) 은행 사건을 유발함으로써 역시 무산시켰다. 문재인 정부에 들어와서 정상회담을 두 번씩이나 하면서 9.19, 4.27 선언을 했고 대한민국 대통령 최초로 평양 5.1경기장에서 15만 동포가 모인 자리에서 평화와 통일 의지 등을 강조하는 연설을 하기도 했었다. 그러나 미국의 노골적인 방해로 정상 간 선언 내용은 하나도 실현되지 못했으며 심지어는 북에 독감 치료제 타미플루조차도 미국의 방해로 보내지 못했다.

1997년 화폐전쟁으로 한국경제를 침몰시킨 미 제국주의
- 미국 월가와 재무부에 의해서 발생한 1997년 한국의 국가부도 -

97년 국가부도 이전인 1987년 7~8월 노동자 대투쟁 이후 꾸준히 발전한 노동운동의 성과로 한국사회의 소득재분배와 서민 구매력이 급상승했고, 당연히 내수시장도 폭발적으로 증가했다.

거의 100%였던 무역 대외의존도는 50%로 줄었고, 한국경제는 국민들의 저축률과 가처분소득이 일정하게 증가하면서 중산층도 두텁게 형성되면서 경제가 성장하는 안정적인 구조를 갖추고 있었다.

아파트와 자가용 컴퓨터가 급증하고 해외여행이 활발하기 시작한 것도 1990년대다. 또한 문화의 전성기이기도 했다. 1980년대까지 팝송과 할리우드가 지배하고 있었지만, 민주화운동의 성과로 대중가요와 영화에 대한 사전심의 제도가 폐지되면서 특히 김대중 대통령 이후 1990년대 후반 중국과 대만에서는 대중가요와 영화 연속극 등에서 한류라는 말을 사용하기 시작했다. 개발도상국들은 한국경제를 모범적인 발전모델로 삼기에 충분했고, 선진국들도 한국경제의 지속적인 발전을 경이로운 눈으로 바라봤다. 그러나 이 모든 것들은 미국의 한국을 겨냥한 경제 침탈로 물거품이 되어버렸다.

미국 월가 헤지펀드와 미국 재무부는 남미에 이어서 한국 등 동아시아 국가들에 화폐 전쟁을 계획하고 착착 진행해 나간다. 이것이 바로 1997년 한국의 국가부도사태였으며, 이 결과로 미국은 경제외적 강제에 의해서 비정규직 제도, 정리해고제 도입, 금융시장 완전 개방, 적대적 인수합병 제도 등을 강요한다. 1997년 미국에 의해서 강제된 체제는 결국 미국 금융자본들의 한국 재벌 초과이윤 수탈, 독점재벌들의 중소기업에 대한 가혹한 수탈, 정규직 노동자와 비정규직 노동자의 차별 강화로 두터웠던 중산층이 붕괴하고 극심한 양극화와 세습 사회가 고착되어 버린다.

300인 이상 대기업 정규직들이 100을 받으면, 대기업 비정규직은 66, 중소기업 정규직은 59, 절대다수를 차지하는 중소기업 비정규직은 41을 받고 있다. 남성 정규직 노동자를 100으로 할 때 비정규직은 56.3이었고, 비정규직의 70%를 차지하는 여성 비정규직은 36.9를 차지하고 있다.

'워싱턴 컨센서스' 한국에 그대로 작동하다.

헤지펀드 등 투기성 단기자본을 포함한 자본의 유출입이 빈번해진 데에 원인이 있었다. 즉, 자본거래 자유화에 따라 무차별적으로 국경을 넘나들면서 국제금융시장을 교란시키는 투기자본이 경제위기를 촉발했던 것이다. 1990년대 들어와 국제금융자본들이 투자액을 대폭 증대시킴에 따라 한국에서도 민간 부문의 단기자본이 크게 확대됐다.

즉, 한국의 금융시장이 국제금융체제에 급속하게 편입돼 외국자본이 대량 유입됐으며 과잉유동성으로 신용팽창이 초래됐던 것이다. 자본유입에 의한 유동성 증가는 인플레이션을 유발했다. 또한 실질환율의 절상으로 인한 수출의 위축과 경상수지의 악화는 다시 자본유입으로 충당되어야 했기 때문에 재정건전도가 취약해졌다. 단기자본이 외환보유고를 초과하는 상황에서 투자자본의 자기실현적 유출이 표출되면서 경제위기가 촉발됐던 것이다.

이른바 워싱턴 컨센서스로 대변되는 '글로벌 스탠더드'에 따른 신자유주의적 경제프로그램, 특히 국내 자본시장의 완전 개방에 따른 국제 금융자본의 움직임을 주시해야 한다. 패권적 성향의 미국 월스트리트 금융자본은 한국에서 진행되는 각종 구조조정 프로그램에 적극적으로 개입한다. 실제로 금융 세계화라는 명제 아래 국내로 들어온 외국자본은 한국경제를 사실상 좌지우지하는 위치까지 올라서 있다.

우리는 어느 날 갑자기 IMF 사태를 당했지만, 이러한 사태를 만들었던 세력들은 오랜기간 동안 전략을 가지고 그러한 사태를 유도해 왔음이 명백한 사실로서 하나씩 하나씩 밝혀지고 있다. 이에 대한 명백한 근거는 IMF-미국-초국적 자본세력이 합의한 '워싱턴 컨센서스'라는 문건이다. 1997년 돌아볼 때 정말 섬뜩할 정도로 '워싱턴 컨센서스'에서의 전략 전술과 실제 우리나라에서 벌어졌던 상황이 들어맞음을 알 수 있다.

대선이 있었다는 점, 국정 운영에 깊숙이 개입한 김현철의 비리가 밝혀져 YS 정부가 무력해졌다는 점, 야권에서 김대중의 국민회의와 김종필의 자민련이라는 상이한 지지 계층을 갖춘 중도 정당 간의 'DJP 연합'이 출범했다는 점 등에서 알 수 있다.

무서운 것은 워싱턴 컨센서스의 전략대로 DJP 공동 정권이 국제통화기금의 구조 조정 프로그램을 수행하는 데 적격으로 드러났다는 점이다.

구조 조정 정책들이 이처럼 차질 없이 실행될 수 있게 된 배경은 무엇보다도 DJ와 JP의 지지 기반이 서로 다르다는 데 있다. 이는 구조 조정에 따라 실질 임금이 삭감되어 가장 고통받는 저소득층이 자기네가 지지하는 DJ가 결코 배신하지 않을 것이라는 기대감으로 구조 조정을 지지한다는 데서 확인되고 있다.

클린턴 대통령, 일본 수상에게 한국을 돕지 말라고 지시하다.

97년 7월 미국 CIA 요원 50여 명이 극비리에 방한해, 한 달 동안 한국경제의 실상과 문제점들을 샅샅이 조사하고 돌아갔다는 주장이 있다. 또한 외환위기 조짐이 가시화되면서 우리 정부가 일본에 협조 요청을 하기 직전인 97년 10월 말경 클린턴 대통령과 루빈 재무장관은 각각 하시모토 총리와 미스즈카 대장상에게 편지를 보내 '한국은 IMF에 구제금융을 신청해 IMF의 프로그램으로 구조조정을 받아야 하니까 일본 정부는 지난 7월 초 바트화 폭락으로 어려움을 겪던 태국에 협조융자로 150억 달러를 지원한 것처럼 한국에 그같은 협조융자를 해주면 안 된다'고 요구했다.

뿐만 아니라 한국 정부가 일본에 도움을 요청하던 시점인 97년 11월 7일에는 월가의 초국적 금융자본들이 일제히 일본 증시를 이탈하여 주가를 폭락시킴으로써 일본 금융기관들에 엄청난 타격을 입혔다. 그래서 일본 금융기관이 협조융자를 제공하지 못하게 함은 물론이고 오히려 한국에 빌려준 단기자금의 회수에 나서지 않을 수 없게 만들었다. 일본이 우리나라를 지원하지 못하게 하려고 IMF-미국-초국적 자본은 정부 차원의 공식적 요청뿐만 아니라 경제적으로 강제할 조치까지 취했던 것이다.

또 이에 앞서 97년 1월경부터 미국 재무부와 월가의 초국적 금융자본들은 한국과 태국을 비롯한 아시아 국가들에 외환위기를 불러일으켜서라도 이 지역의 자본시장을 완전히 개방시키겠다는 전략을 수립하기 시작했다고 한다. 즉 초국적 자본 세력의 전략연구소인 미국 국제 경제연구소의 버그스텐 소장은 그해 1월 '다보스 포럼'(세계경제포럼, 초국적 자본 세력의 친목회의) 초청 연설에서 국제금융의 불안정성을 들면서 태국, 인도네시아, 한국 등이 97년 중에 금융위기에 빠져들 위험이 있다고 경고하는 등 초국적 자본 세력들의 전략 구상을 공개적으로 표명하기도 했다. 그래서 우리나라에서만 공론화가 되지 않았지 97년 하반기 태국, 인도네시아가 외환위기, 경제위기로 치닫고 있고 우리나라에 외환위기가 닥쳐오기 전에 이미 유럽에서는 초국적 금융자본의 다음 공격 목표가 한국이라는 논의가 공공연하게 거론되고 있었다.

또 다른 예로서는 97년 11월 5일 '한국의 외화 보유액이 20억 달러밖에 되지 않을 수 있다'는 미국의 경제통신 블룸버그의 악의적인 보도를 들 수 있다. 당시 한국은행의 외화 보유액은 3백5억 달러에 달했다. 그런데도 세계적인 신용을 가진 금융정보 소식통인 이 통신이 한국 금융권의 만기 재연장 불가능 사태를 악화시킨 잘못된 보도를 한 배경에 악의적인 음모가 도사리고 있었다고 당시 정부 고위 관리들은 지적하고 있다.

초국적 자본 세력의 공격

초국적 자본 세력의 이러한 전략적 공격은 당시 이미 공황 상태에 있었던 한국경제에 대해 관철되었고, 그 결과 한국경제는 외환위기로 내몰렸던 것이다. 한국경제는 96년 초반부터 경기의 하강 국면에 들어서 있었다. 당시 투자는 과잉 상태에 있었고, 그에 따라 수익률은 크게 저하하였고, 부채비율이 높은 기업은 부채 상환이 문제가 되기 시작했다. 기업의 부도는 관련 금융기관의 부실채권을 크게 했으며, 그 결과 신용공황과 은행 파산이 뒤따랐다. 그래서 97년 초에 들어서면 한보, 삼미 등 재벌그룹들이 부도가 나는 등 본격적인 과잉생산공황의 양상을 나타내고 있었다. 그러나 이러한 공황조차도 더 긴 시점을 가지고 국내외 상황을 종합적으로 보면, 90년대 중반의 집중적인 외자 유입이라는 대외적 조건을 빼고는 설명할 수 없을 것이다.

우리나라 금융기관 및 기업의 해외부채는 1993년 439억 달러에서 1996년에는 1,575억 달러로 무려 3배 이상 급증했다. 더구나 총 해외부채 가운데 55%가 상환 만기가 1년 미만인 단기외채였다. 초국적 자본은 한국이 재벌 간의 과잉경쟁으로 과잉설비투자, 과잉생산이라는 사정을 뻔히 알면서도 무제한적으로 한국의 금융기관에 단기자본을 대부해 주었던 것이다.

또 더 거슬러 올라가면 미국-초국적 자본 세력은 한국경제를 개방시키기 위해 특히 금융시장의 개방을 위해 온갖 수단과 압박을 가하고 있었다. OECD 가입 등을 미끼로 자본시장의 철저한 개방을 요구했다. 이 과정에서는 정부의 규제와 통제에서 벗어나려는 국내 재벌 세력들이 총대 메고 앞장서서 시장개방과 금융시장 규제 완화를 주장했다. 초국적 자본 세력이 제시한 외국시장 접근에 유리한 혜택을 준다는 유인뿐 아니라 재벌의 투자재원을 보다 금리가 낮은 초국적 금융자본으로부터 직접 조달할 수 있다는 이해관계 때문이었다. 초국적 자본 세력은 여러 경제적 반대급부를 제시하면서 또 개방하지 않으면 여러 가지 불이익을 강제할 것임을 협박하면서 상품시장과 금융시장 개방을 요구해 왔던 것이다. 물론 이러한 초국적 자본세력의 전략은 우리나라에만 적용된 것은 아니다. 그들은 제3세계 모든 나라들에 대해 동일한 전략을 구사하고 있었다. 초국적 자본 세력의 이러한 압력과 강압으로 자본시장에 대한 규제가 완화됨에 따라 초국적 금융자본, 특히 단기자본이 물밀듯이 한국에 도입되었다. 요컨대 초국적 자본은 이처럼 한국 재벌들에게 자본을 무제한적으로 제공하면서 사실상 과잉투자, 과잉생산을 부추겼던 것이다.

이러한 과정을 총괄하면, 미국-초국적 자본 세력은 자본시장 개방 압박을 통해 금융시장에 대한 규제를 완화해 왔고, 한국 재벌들을 부추겨서 과잉투자, 과잉생산의 공황으로 몰아넣었고, 그 결과 한국경제를 외채위기로 몰아넣었다. 이것이 97년 초부터는 재벌 부도로 표출되기 시작했고, 이렇게 공황이 심화해서 기업과 은행의 부실화가 가속화되었다. 이것은 민간 부문의 전반적인 외채위기로 나타났고, 초국적 자본이 조직적으로 자본 이탈을 감행하자 순식간에 국가의 외환위기로 전화되었던 것이다.

미국 정부와 월가의 초국적 금융자본, IMF는 치밀한 역할 분담 속에서 정치적 압력과 자본 철수, 신용등급 하락 등의 방법을 입체적으로 동원하여 경제 신탁통치를 내용으로 하는 IMF 협약을 받아들이지 않을 수 없도록 상황을 몰고 갔던 것이다.

미국의 강요로 비정규직 탄생하다.

IMF를 앞세운 미국의 강요로 `정부는 하는 수 없이 미국의 은행지점을 한국에 설립하도록 허락하고, 외국 기업들이 보유할 수 있는 상장회사의 지분은 26%에서 50%로 상향 조정했으며, 외국인 개인이 보유할 수 있는 기업의 주식 지분은 7%에서 50%로 늘어났다. 또한 고용구조에 있어서는 비정규직을 양산하고, 정리해고를 쉽게 하도록 하고, 과격한 노동조합을 정리할 것 등을 주문했다."(화폐와의 전쟁, 쑹훙빙, 338쪽에서 346쪽)

국내 주식시장의 43%가 이들에게 넘어간 상태이고, 주요 은행을 비롯한 금융권도 사실상 외자 지배 형태를 띠고 있다. 삼성전자를 비롯해 SK텔레콤, 현대자동차, 포스코 등 한국을 대표하는 주요 기업들도 마찬가지다. 건전한 자본을 조달해야 하는 주식시장은 이미 투기장화 됐고, 은행 등 금융권은 기업 대출보다는 소매 대출에 주력하면서 경제발전의 한 축에서 떨어져 나간 지 오래다. 기업들은 '주주 이익'과 '경영권 방어' 앞에 연구개발 투자보다 주주 배당에 신경 쓰고 있다.

가부도의 결과는 국제통화기금의 전략에 의해서 신자유주의 정책이 과격하게 적용되기 시작한다. 비정규직이라는 새로운 계층이 본격적으로 형성되기 시작하여 급기야는 2024년 현재 1천만 명이 넘어서고 있다. 주요 은행, 기간산업의 대주주들이 외국자본으로 넘어갔다. 주식시장은 외국인들이 점령한 상태고, 외국인 주도의 금융은 기업 대부를 회피하고 가계대출을 일삼으며 1,000조 가계부채의 원인이 되었다. 고용 없는 성장, 내수와 이탈한 수출 등으로 청년실업이 급증했고, 수출이 잘 되어도 중소기업과 내수는 계속 어려워지고, 자영업자들 상당수는 노동자들도 보다도 힘든 세월을 보내고 있다.

2009년 3월 환율은 1,600 가까이 치솟았다. 외환위기가 다시 시작되었고 부도 직전에 구사일생으로 살아났다. 이 과정에서 초국적 금융자본은 엄청난 부가가치를 약탈해 갔다. 성장률은 다시 마이너스로 떨어졌고, 중소기업과 서민들이 고통을 떠안아야 했다. 토빈세조차도 없는 나라에서 당연한 귀결이었다.

현 정세와 통일운동의 과제

'전쟁 중에 있는 교전국 관계가 남북 관계의 본질이다.'

미국에 의해서 하노이 북미 정상회담이 파탄 나고 문재인 정부의 미국에 대한 굴욕적인 자세로 남북 정상 합의가 통째로 물거품이 되면서 북은 그동안의 통일정책을 전면 수정한다. 지금 북의 입장을 보면 북남 관계는 더 이상 동족 관계, 동질 관계, 아닌 적대적인 두 국가 관계, 전쟁 중에 있는 교전국 관계로 파악하고, 당 통일전선부를 비롯한 대남 사업 부문 기구들을 폐기하고 6.15공대위와 범민련도 남쪽에 통보도 없이 해산해 버렸다.

북은 우리 제도와 정권을 붕괴시키겠다는 괴뢰들의 흉악한 야망은 《민주》를 표방하든, 《보수》의 탈을 썼든 조금도 다를 바 없었다고 하면서 동족이라는 수사적 표현 때문에 미국의 식민지에 불과한 족속들과 통일 문제를 논하는 것이 우리의 국격에 어울리지 않는다고 주장하고 있고, 한미가 "끝끝내 우리와의 군사적 대결을 기도하려 든다면 우리의 핵전쟁 억제력은 주저 없이 중대한 행동으로 넘어가 정복, 완정을 감행하겠다"고 하고 있다.

이처럼 지금 북은 김일성, 김정일 위원장 시대의 민족통일 노선, 민족대단결 노선을 완전히 청산하고 있으며, 이것의 상징적 사건이 아마도 3 대헌장 기념탑 폭파 사건이 아닌가 생각된다. 또한 북의 김여정 부부장이 "우리는 제재해제문제를 미국과의 협상 의제에서 완전 줴던져버렸다. 나는 〈비핵화조치 대 제재해제〉라는 지난 기간 조미 협상의 기본주제가 이제는 〈적대시철회 대 조미협상재개〉의 틀로 고쳐져야 한다고 생각한다. 회담탁 우(위)에서 무엇을 어떻게 더 빼앗아 먹겠는가만을 생각하는 미국과는 당장 마주 앉을 필요가 없으며 미국의 중대한 태도 변화를 먼저 보고 결심해도 될 문제라고 생각한다. 미국은 우리의 핵을 빼앗는데 머리를 굴리지 말고 우리의 핵이 자기들에게 위협이 되지 않도록 만드는 데로 머리를 굴려보는 것이 더 쉽고 유익할 것이다"라고 말하고 있는 것처럼 지금 북은 미국의 경재제재 해제 카드에는 큰 관심이 없고 체제 인정과 전쟁연습 중단 등 평화를 절실히 요구하고 있다.

또한 북은 조선로동당 제8차 대회 소집에 즈음하여 '일심단결' '자력부강' '자력번영' '인민대중 제일주의'를 내건 것에서 보듯이 미국의 전면 제재를 자력 부강으로 맞서겠다는 의지를 강하게 표현하고 있다. 요즈음 북의 경제 정세는 도시와 농촌 격차를 확실히 줄이겠다는 20 곱하기 10 정책을 속도감 있게 추진해 나가면서 농촌에 현대화된 주택들을 무상 공급하는 계획을 차질없이 추진해 나가고 있고, 동시에 자급자족을 위한 소비재 공장들을 건설하고, 병원 등 의료시설 확대도 추진해 나가고 있다. 각 방면에 지속적인 경제성장이 이루어지고 있으며 식량과 전력 등의 문제는 일정하게 해결된 것으로 보인다. 제재 품목인 반도체 공장을 세 군데나 갖추고 있으면서 북의 시민들 다수가 우리처럼 핸드폰을 갖고 있고, 수만 명을 이용할 수 있는 현대화 된 원산 갈마지구 관광지가 개방된 것을 봐도 북의 경제가 안정적인 상태로 진입했음을 실감할 수 있을 것이다.

그동안 빈약한 내용의 무상교육, 무상주 정책 등을 내용적으로 내실 있게 완성해 나가면서 기기와 설비가 부족했던 무상의료 정책도 속도감 있게 진행시켜 나가고 있는 것이다.

'남북 6대 선언과 합의문을 국회에서 비준하자.'

우리는 정동영 통일부 장관의 청문회장의 회의 내용을 보면서 여당과 야당의 요즈음 남북 관계 정책에 대한 이해할 수 있을 것 같다. 내가 깜짝 놀란 것은 국민의힘, 미국인 출신 인요한 의원의 발언이었다. 본인은 그동안 남북 교류 협력을 꾸준히 해왔다고 하면서 의원직을 그만두고 나서 남북 관계가 풀리면 북쪽에 가서 의료기기를 수선하는 일을 하겠다고 한다. 또한 남북 기본합의서 등을 남쪽 국회에서 비준해야 하는데 왜 민주당은 지금까지 안 하고 있냐고 다그친다. 그러자 정 장관 후보자가 감동했다고 하면서 감사를 표한다.

또한 놀란 것은 국민의힘 김태호 의원이 '어떤 동맹보다도 같은 민족이 더욱 중요하다'라는 말을 누가, 언제 했느냐고 묻는 것이었다. 장관 후보자가 연도와 날짜까지 정확히 얘기하면서 김영삼 전 대통령이 취임사에서 언급했다고 대답한다. 김태호 의원은 충분히 민족주의자였다. 노태우 시절 박철언을 보는 것 같았다. 전시 작전지휘권을 환수하는 문제도 강하게 주장한다. 또 다른 통일부 출신 국힘의원 한 명은 다가오는 아펙 행사에 김정은 위원장을 초청할 의사가 없냐고 묻는다. 박철우 국힘 경북지사가 이미 초청의 뜻을 밝혔다고 정 장관 후보자가 답변한다. 트럼프의 대북 유화 손짓이 언론에 표출되고 있는 요즈음 일부 국힘 의원들도 대세를 따르려고 하는 건지 오히려 민주당 의원들보다도 남북 협력에 적극적이었다.

청문회 클라이맥스는 아래 역대 정권의 남북 합의문을 국회에서 비준하자는 주장이 여야를 떠나서 대부분 수렴되어 가는 것이었다.

- 박정희 7.4남북공동성명서
- 노태우 남북기본합의서
- 김대중 6.15공동선언
- 노무현 10.4선언
- 문재인 9.19선언과 4.27선언

진보 보수를 넘어 6개 남북 합의문을 국회에서 비준하자는데, 여야 다수 의원들이 동의한 것이다. 이에 정동영 장관 후보자는 반색하면서 이재명 대통령에게 보고하고 여야가 더욱 노력해서 반드시 비준을 성사시키자고 강조한다. 울산 출신 국힘 친윤 김기헌 의원만 혼자서 케케묵은 대북 퍼주기 주장을 늘어놓으면서 정

장관 후보자를 북쪽의 대변인 같다고 발언했다가 청문회장이 싸늘해진 것 빼고는 꽉 막힌 남북 관계를 뚫어내려는 충정이 돋보이는 청문회장이었다.

그러나 왠지 허전하게 느껴지는 것은 어쩔 수 없었다. 한국이 남북 관계를 주도해 나가려 할 때 부딪칠 미국의 패권적인 간섭과 개입에 대해서는 어떤 언급도 없었기 때문이다. 북이 주장한대로 진보나 보수 정권 모두 남북 관계에서 미국의 간섭과 개입을 극복하지 못하고 대부분 미국 의견대로 따라가지 않았는가? 김대중 대통령이 6.15공동선언을 하고 미국에 불려가 아들 부시 대통령에게 당한 치욕을 상기해 보라! 그래도 김대중 대통령은 본인 말대로 젖 먹는 힘까지 다해서 부시를 설득해서 남의 통일정책에 크게 반대하지 않도록 했다고 자서전에서 기록하고 있다.

노무현 대통령도 초기에 김대중 통일 정책을 실현한 사람들을 구속시키는 등 남북 관계 진전에 부정적이었으나, 임기 후반에 이르러서 10.4선언과 6자회담을 하는 등 적극적이었으나, 집권 초 부정적인 정책들이 후에 역기능으로 작용한 것도 사실이다. 가장 한심한 것이 문재인 정부였다. 앞에서 지적한 대로 타미플루조차 미국의 반대로 북에 보내지 못했지 않은가? 미국의 재가를 신속하게 받기 위한 목적으로 한미 워킹그룹을 만들었으나 우리 입장은 제대로 관철시키지 못하고 신속하게 미국 반대를 실천한 것 빼놓고 제대로 실천한 것이 없을 정도였다. 역대 정권들의 종미적 태도를 극복하지 않는 한 남북 관계의 근본적 해결은 불가능할 것이다.

트럼프는 평화주의자인가?

트럼프는 집권 1기 시 취임 초에 미국 역대 대통령들이 그랬던 것처럼 북과의 전쟁을 적극적으로 모색했었다. 2016년 미국에서 가장 영향력 있는 싱크탱크의 외교협회 보고서를 보면 북에 대한 군사행동을 강하게 촉구하고 있었고, 당시 미국 정계와 군부 대다수 일반 대중들도 트럼프 대통령에 대한 신뢰의 기준을 트럼프가 얼마나 적극적으로 북에 대한 공격 계획을 실행하는가를 여부에 두고 있었다.

이러한 미국 조야의 분위기 속에서 트럼프는 "세계가 지금까지 겪어보지 못한 화염과 분노에 직면할 것"이라고 북을 협박하면서 실제 김일성 경기장에서 행하는 북의 지도부가 대거 참여하는 때에 그곳에 핵을 발사하자는 의견까지 제시하기도 했었다. 그러나 2017년 말에 이르러 미국의 유력한 정보기관들은 북의 화성-15호 발사로 북이 미국 본토 전역에 대해서 타격을 가할 수 있다는 사실을 인정했다.

"우리는 이제 미국의 힘이 어느 때보다 중요하지 않은 세상에 살고 있다. 워싱턴 포스트지는 북은 신형 대륙간 탄도 미사일을 포함해서 그 나라의 미사일 무장할 수 있는 소형핵무기 비축분을 대규모로 갖고 있다고 보도했다. 그것은 다른 말로 하면 이렇다. 게임은 (북과의 핵 대결 게임) 끝났다." (포린 폴리시 Foreign Policy)

이런 이유로 트럼프는 북과의 협상을 고민하기 시작했던 것이다. 트럼프는 군산복합체와 결탁한 미국 역대 정권의 무모한 전쟁, 패배하는 전쟁, 미국 경제를 망가뜨리는 전쟁을 반대했지, 전쟁 자체를 부정한 사람이 아니다. 지금 우리 눈으로 똑똑히 보고 있는 것처럼 트럼프는 미국의 경제적 이익을 위해서는 국제법도, 상식도, 인도주의도, 평화도 안중에 없는 거짓말을 항상 입에 달고 사는 장사꾼이다. 그가 선거 시기 집권하면 바로 러시아-우크라이나 전쟁을 해결하고, 북미 관계도 개선할 것처럼 떠들어 댔으나 장사꾼의 역할은 한계가 있었고 지금 러시아의 일방적 승리가 예견되는 상황으로, 미국과 나토 대리전을 담당했던 우크라이나 민중들의 고통만 가중되고 있다.

트럼프의 세계 전략이 이란에 대한 폭격에서 보는 것처럼 군사제국주의 도발과 평화 정책 사이에 종잡을 수 없이 갈지자로 왔다 갔다 하면서 전 세계에 불신을 주고 있으면서, 우리나라를 비롯한 전 세계 우방국들에게 GDP의 5%를 국방비로 하도록 강요함으로써, 결과적으로 미국 무기를 팔아먹고 전 세계에 전쟁 분위기를 조성하고 있다. 벌써 러시아와 독일 사이에서 선제공격 주장이 나오고 있지 않은가?

평화주의에 대한 신념, 국가 간 상호 호혜 존중과 평등 정신에 입각하지 않고 메가(MEGA)를 실현하겠다는 미국 우선주의에 매몰되어 있는 트럼프의 세계 전략의 본질은 제국주의의 본성에 뿌리를 두고 있어서 일상적이고 안정적인 평화 전략과는 인연이 없다.

북미 관계는 더욱 불투명 상태이다. 유엔 공간에서 북에 트럼프의 서신을 전달하려고 했으나 북이 거절해서 서신 왕래조차도 불가능한 상황이다. 여러 가지 방법으로 미국이 북에 접근하려고 노력하고 있는 것은 사실인 것 같으나 북은 계속 소극적 태도를 보이고 있는 것 같다.

지금 북은 김여정 부부장의 주장처럼 미국에 요구하는 것은 전쟁 훈련을 중단하고 평화를 보장하는 것이며, 상호 대등한 입장에서 외교관계를 수립하는 것이다. 그런데 여기서 중요한 것은 미국의 이해관계다. 핵 폐기라는 안건이 협상의 대상으로 불가능한 상태에서 미국이 북에 얻을 것은 불투명하다. 중국을 고립시키기 위해서도 북과의 관계 개선을 꾸준히 추구하겠지만 높은 수준의 북미 관계 발전은 쉽지 않을 것으로 예상된다. 혹자는 미국의 투자를 북이 적극적으로 요구할 수 있다고 하지만 현실성도 효용성도 없는 주장일 뿐이다.

힐러리 클린턴 전 국무부 장관이 주장했던 것처럼 "우리 미국에게는 지금 적당히 군사적 긴장을 유지하고 있는 한반도 상태가 가장 좋다. 통일도 전쟁도 우리에겐 좋지 않다." 아마도 트럼프도 결국에는 힐러리 클린턴 교시를 따를 것으로 전망된다.

100만 응원봉으로 한미상호방위조약 폐기하고 평화협정 쟁취하자!
① 미국을 극복하지 않고 한반도 평화와 통일은 불가능하다.

1945년 9월 미군이 이 땅에 진주한 이후 분단, 6.25전쟁과 군사독재정권이 출현하는 과정에서 미국의 반민족적인 행위를 분명히 봤다. 또한 6.25전쟁 이후에도 한반도에서 지속적으로 군사적 긴장을 강화시키는 주범으로서 미국의 역할도 인식했다. 분단을 강제한 미국은 '반공이데올로기 쇼윈도' 전략으로 얼마간 한국경제 발전에 기여한 부분도 있으나, 1997년 국가부도를 발생시키면서 한국경제를 위기에 빠뜨리고 한국인들의 삶에 심각한 고통을 주고 있다. 우리나라 1년 예산에 버금가는 돈을 미국에 투자할 것을 강요하고 있는 트럼프의 관세 폭탄 침탈로 한국경제는 제2의 국가부도 위기에 빠져들고 있다.

평화와 통일을 위한 우리의 당면과제는 미국을 극복하는 일이다. 당장 눈앞에 닥친 일이 트럼프 관세 폭탄을 저지하는 일이다. 우리가 미국에 맞설 수 있는 것은 중국처럼 희토류가 있는 것도 아니고, 미국 채권도 많이 갖고 있는 것도 아니다. 캐나다처럼 아메리카노를 캐나디아노로 부르면서 국산품 애용 운동을 하면서 전국민적으로 항거했던 것에서 볼 수 있듯이 국민과 함께하는 관세 폭탄 저항운동을 벌여야 한다. 국민주권정부답게 이재명 정부는 관료들의 협상에만 의존하지 말고, 모든 협상 과정을 투명하게 공개하고 국민과 함께 이 상황을 극복하기 위해서 노력해야 할 것이다.

미국은 우리나라에서 금융업, 구글 등 기술지식산업, 서비스업, 미국 무기 판매 등으로 많은 수입을 얻고 있다. 97년 국가부도 이전 체제로 가겠다는 각오로 임해야 할 것이다. 이번 트럼프의 관세 폭탄을 계기로 많은 나라들이 미국 달러 패권에 문제 의식을 갖고 사우스 글로벌 진영에 적극 가담하고 있다. 중장기적으로 브릭스에의 참여를 검토하고 중국과 러시아와 전면적인 교류를 위해서 노력해야 할 것이다.

② 관세 폭탄 저항운동과 결합해서 한미군사훈련과 주둔비 9배 인상 반대운동을 벌여 나가자.

지금 북과 대화를 재개하기 위한 가장 중요한 당면의 걸림돌이 북의 주장대로 한미전쟁 훈련이다. 문재인 정부 시절 동계올림픽에 북이 참가했던 것도 한미 군사훈련을 중단하고 나서부터다.

③ 이렇게 볼 때 반미통일 운동을 위한 우리의 슬로건은
- **행동 슬로건**: 비전향 장기수 송환, 관세 폭탄 반대, 9.19군사합의 복원, 한미 군사훈련 반대, 트럼프 관세 폭탄 반대, 6대 남북합의문 국회비준!
- **선동 슬로건**: 개성공단, 금강산 관광 재개, 전시작전권 반환, 국가보안법 폐지, 종전 선언
- **선전 슬로건**: 평화협정 쟁취, 한미상호방위조약 폐기, 통일방안 합의운동

④ 이북 바로 알기 운동을 대중적으로 펼치자.

요즈음 유튜브를 보면 북의 하루 지난 중앙방송 TV 뉴스가 매일 나오고 있고, 북에서 제작한 영화는 수백 편을 유튜브에서 볼 수 있다. 한 사회를 이해하는데 영화처럼 좋은 것도 없다.

⑤ 현대사에서 미국의 반민족적인 행위가 교과서에 정확히 기록될 수 있도록 노력하자.

⑥ 평화통일운동에서 소영웅주의, 써클주의와 분열을 극복하고 대동단결 대동투쟁으로 전진하자!

트럼프의 쇼를 믿지 말고, 이재명 정부에만 의존하지 말고 우리 민족민주 운동 진영은 스스로의 힘으로 100만 평화통일 응원봉을 조직한다는 각오로, 정세도 민중들의 투쟁으로 조성하고 돌파해 나간다는 신념으로 대동단결해서 싸워나가야 할 것이다.

지금 북은 아마도 한반도에 불가역적인 평화가 정착되지 않는 한, 적어도 그것이 확실히 보장될 수 있다는 신뢰를 북에 보여 주지 않는 한 전면적인 남북 대화나 북미 대화는 쉽지 않을 것 같다. 인내심을 갖고 남북 상호주의에 얽매이지 말고, 평화통일을 위해서 우리가 해야 할 일을 묵묵히 해나간다면, 언젠가는 '80년 민족분단과 116년 식민지와 종속의 세월'을 끝장낼 날이 반드시 올 것이다.

우리 민족 평화통일 만세!

한국-조선 두 국가의 연방제 통일 모색하자

정일용 전 한국기자협회 회장

서론: 식민분단 적폐청산과 통일 논의의 새로운 국면

2023년 12월, 조선노동당 김정은 총비서가 '적대적 두 국가론'을 공표한 이후 조선 내부에서는 '민족'과 '통일'의 개념이 점차 지워지고 있습니다. 이에 따라 한국 사회 내부에서는 "조선을 국가로 인정하는 것이 분단 영구화에 동조하는 것 아니냐"는 우려와 함께 조선의 의도가 무엇인지에 대해 혼란스러워하고 있습니다.

조선은 이미 실질적으로 존재하는 하나의 국가입니다. 조선을 국가로 인정하는 것이 영구분단으로 이어진다는 주장에는 동의하지 않습니다. 오히려 연방제 통일을 염두에 두고 현실적으로 접근할 필요가 있습니다.

연방제 사례

연방이란 한자어 '나라 방(邦)'자를 씁니다. 즉, 하나의 큰 나라 안에 여러 개의 '나라'가 존재하는 형태입니다. 실제로 다음과 같은 연방체제 모델이 있습니다.

영연방(영국연방, Commonwealth of Nations)

- 56개 독립국으로 구성
- 각 국가는 '국왕'을 상징적으로 공유하나, 각자 내정·외교·군사 등 주권 행사
- 회원국들은 서로 완전히 독립적인 국가로, 연합체는 느슨한 협력관계에 불과
- 회원국 간 자유왕래, 경제·문화 교류 촉진
- 예시: 영국, 캐나다, 호주, 뉴질랜드 등

미국식 연방(United States of America)

- 50개 주가 연방정부 아래에서 통합된 국가
- 주(state)별로 자체 법률·정부가 있지만, 외교와 국방 등 핵심 권한은 연방정부에 귀속
- 헌법은 '주(州)'와 '연방'의 권한 분리를 보장
- '하나의 국가'임을 전제로 삼고, 국가정체성 명확

영연방과 미국 연방제 비교

구분	영연방	미국식 연방제
구성	완전독립국가의 연합	단일국가 내 주의 연합
주권	각 국에 있음	연방정부에 있음(핵심권한)
결속력	느슨함	강함
헌법	없음	있음(연방헌법)
예시	영국, 캐나다 등	미국 50개 주

조선의 연방제 제안과 6.15공동선언

조선은 1960년 연방제 통일 방안을 공식 제의한 바 있습니다. 또한 2000년 6.15공동선언에서 남북은 '낮은 단계의 연방제(국가연합)'에 원칙적으로 합의했습니다. 이것은 각각의 국가 체제를 인정하면서도 통일 지향적 협력관계를 추구하는 방식입니다.

※ 연방제 통일 ↔ 흡수통일

북한의 연방제 통일방안은 남북한의 이질적인 체제와 이념을 존중하면서, 점진적으로 하나의 국가를 형성하자는 "1민족 1국가 2제도 2정부"론에 기반합니다. 1960년 김일성의 연설에서 처음 공식 제기된 이후, 연방제 방안은 1980년 고려민주연방공화국 창립 방안으로 발전했으며, 이는 남과 북이 각자의 체제를 인정하되 연방 차원의 기구를 두고 단계적으로 통일을 추구하는 방식입니다.

연방제 기본구상
- 남북이 각각의 정치·이념 체제와 정부를 유지
- '연방정부' 설립: 남북 대표와 해외동포가 참여하는 최고민족연방회의 구성. 이 회의의 상설기구인 연방상설위원회가 남과 북을 지도
- 지역자치정부: 남한과 북한의 기존 정부는 내정 및 경제 등 각자 자치를 보장받고, 중앙 연방정부는 외교·군사 등 핵심 권한을 담당

연방제의 단계적 추진

단계	주요 내용
낮은 단계 연방제	남북 각각의 체제·정부를 인정, 정치·군사·외교권은 각 지역정부가 행사, 연방은 조정기구 역할
고려민주연방공화국 창립	남북 동수 대표 + 해외동포 대표의 최고민족연방회의와 연방상설위원회 구성, 중앙정부가 외교·군사권 행사
최종 통일	장기적으로 제도 통일도 염두, 이후 중앙정부 권한 강화 가능

- "낮은 단계 연방제"는 2000년 6.15공동선언 이후 남측의 연합제와 유사하다는 평가를 받음. 남북한이 독자적 체제를 인정하되, 경제·문화 등 공동 사안을 조정할 민족공동기구 형태.
- "고려민주연방공화국"은 완결형 연방국가 구상으로, 군사·외교 등 중앙정부의 권한이 더 뚜렷하게 강화됨.

선결조건

- 반공법 및 국가보안법 철폐, 민주화 실현(정치활동 자유 보장)
- 주한미군 철수, 평화협정 체결 등 대외적 긴장 완화 조치
- 남북의 상호제도 인정과 민족대단결 등 자주·평화·민족주의 원칙 준수

연방제 통일론의 의의

- 상호체제 인정: 내전 형태의 무력 통일 대신 남북이 각자 정체성과 체제를 인정하는 현실적 접근.
- 평화적 점진 통합: 경제, 문화 등 교류와 신뢰 구축을 거쳐 통일

로 나아가는 단계적 구상.
- **정치·군사적 균형**: 남북 각각의 정부는 자율성을 갖고, 중앙 연방기구는 공동 관심사를 다룸.

평가

북한의 연방제 통일방안은 평화적, 점진적 통일을 내세우지만, 주한미군 철수 등 현실적으로 수용이 어려운 선결조건을 요구하는 점, 장기적으로는 북한 체제 유지를 우선시하려는 전략적 의도가 있다는 지적도 있습니다. 그럼에도 1민족 1국가 2제도 2정부의 통일국가론은 현 한반도 상황에서 제기 가능한 대표적 평화통일 구상으로 평가받고 있습니다.

조선을 국가로 인정하는 것이 통일의 장애물인가?

조선을 국가로 인정한다고 해서 통일이 불가능하다는 견해는 사실과 다릅니다. 연방제 통일도, 국가연합형 연방 역시 현실적으로 가능합니다. 문제는 양국의 적대적 관계에 있습니다.

적대관계의 해소가 우선

- 적대관계가 지속되면 결국 무력, 흡수통일 외에는 길이 없습니다.
- 반대로, 교류와 협력이 확대되어 상호 신뢰가 쌓이면 통일은 좀 더 가까워질 수 있습니다.

적대관계의 구조적 원인: 헌법 3조와 현실적 한계

한국 헌법 3조는 '대한민국의 영토는 한반도와 그 부속도서로 한다'고 못 박고 있습니다. 이에 따라 조선은 '국가'로 인정받지 못하고 오로지 '반국가 단체'로 취급됩니다. 이런 상태에서는 교류·협력은커녕 평등한 협상도 불가능합니다.

- 헌법 3조의 폐지 없이 '국가보안법'만 폐지해선 적대관계가 깨끗이 해소되지 않습니다.
- 조선을 국가로 인정하면 이북5도청·이북5도지사 등 허구적 행정체계도 폐지될 수 있습니다.
- 제대로 된 평화협정, 범죄인 인도 협정 등은 '국가 대 국가' 관계에서 가능한 제도입니다.
- 적대관계가 해소되면 이루 헤아릴 수 없는 분단비용을 지불하지 않아도 됩니다.

가능한 연방제 모델: COREA연방

우리가 추구할 수 있는 현실적 통일형태는 영연방과 미국식 연방의 중간 형태, 'COREA연방' 모델이라 할 수 있습니다.

- 각자 고유 체제·주권을 인정하면서, 일정한 공통 행정·의회·상징체계를 갖는 국가연합 혹은 연방국가.
- 군사, 외교는 협약을 통해 조율(예: 상설 협력기구 설치).
- 국민 상호 자유왕래, 경제·사회 교류 확대.
- 장기적으로 신뢰 구축 후, 보다 밀접한 연방으로 발전.

결론: **새로운 연방제 패러다임으로의 전환**

- 조선을 국가로 인정한다는 것은 분단을 고착화하는 것이 아니라, 연방제라는 새로운 길을 열 수 있는 출발점입니다.
- 적대관계 해소, 교류 확대, 상호 신뢰가 통일의 열쇠입니다.
- 현실의 구조적 장애(헌법 3조 등)에 대한 냉정하고 과감한 수정이 필요합니다.
- 영연방과 미국식 연방의 장점을 접목한 'COREA연방'을 통해 창조적이고 평화로운 한반도 통일의 길을 모색해야 할 때입니다.

가자 북으로, 오라 남으로, 만나자 38선에서

전덕용 전 사월혁명회 상임의장

여러분 반갑습니다.

세상이 변해도 너무 많이 변해서 사람들 모두가 제 앞만 보고, 돈을 많이 벌기 위해서 부동산투자, 강남의 '똑똑한 아파트' 집 한 채를 어떻게 살 것인가만 생각하고 살아가는 세상이 되었습니다. 이런 판국에 그래도 하늘도 보고 땅도 보고, 나라도 생각하고, 민족, 즉 옆에 사는 사람 이웃도 생각하고 살아가는 여러분들이 계셔서, 오늘 이렇게 귀한 시간을 내서 이처럼 만민공동회에 참석해 주신 여러분께 감사 인사를 드리는 바입니다.

또한 세상의 모든 잘 나고 똑똑한 사람들은, 국회의원 장관 대통령질에만 눈이 뒤집혀서 벼슬길만 보고 뛰어다니는데, '사람일보' 회장이신 박해전 선생은, 머리가 허옇도록 조국분단 조국통일 과제를 짊어지고, 돈도 벼슬도 안 생기는 일에 일생을 매달리고 있습니다. 오늘도 이렇게 돈도 안 생기고 벼슬도 안 생기는 일에 실속 없이 땀을 흘리고 있어서, 참으로 고맙기 그지없습니다. 그런 뜻에서 우리 크게 박해전 선생님께 박수 한번 보내드립시다! 역시 돈도 없고 벼슬을 안 해서 끗발이 없어서, 세상에 하고 싶은 말이 있어도 어찌 전할 길이 없는 이 늙은이에게, 말을 전할 수 있는 이런 자리를 마련해 준 박해전 선생께 다시 한번 감사의 인사를 전해 드립니다.

만민공동회는 여러분이 아시다시피 1898년에 서재필 선생이 만든 독립협회에서 주간한, 그야말로 나라가 서구열강들의 침략야욕에 풍전등화 격이 되었을 때에, 다 죽어가는 나라를 살려낸 민중단체의 구국운동 애국행동, 투쟁활동이었습니다.

1896년 이른바 아관파천이 있었고, 영국 미국 불란서 독일 등 서구제국주의자들의 이권 다툼으로, 광산 철도 삼림 어장 등 조선의 물산 자원이 그들의 먹이가 되어 있었습니다. 여기에 일본 군사침략 제국주의의 노골적인 위협과 자원산업 수탈로, 조선사회 민생경제가 밑바닥 뿌리부터 흔들리고 있었습니다. '잠자는 사자'라 평가했던 노대국(老大國) 중국침략 약탈에 재미를 본 서구제국주의 열강들이, 얼빠진 토끼 신세인 후진 조선을 그대로 둘 리가 없었습니다. 정치 사회 군사 자연자원에 이르기까지, 나라의 전 분야에 걸쳐서 흡혈귀처럼 탐욕스러운 입을 벌리고, 전조선 사회를 한입에 집어삼키려 들고 있었습니다.

이런 사회 망해가는 봉건왕조의 끝자락에서, 마지막 민족양심 사회정의 나라사랑 정신이 폭발하여, 분연히 일어선 것이 민중의 소리 만민공동회였습니다.

민중은 죽을 수가 없습니다. 민중은 죽지 않고 영원히 살아났습니다. 민중은 정신이 깨어난 제대로 된 의식을 가지고 있는 사람 하나하나가 모인 집단 인격입니다. 제정신을 가지고 제 삶을 스스로 일으켜 세우고 살아가는 인격체들의 집단이 곧 민중입니다. 이 민중은 죽을 라야 죽을 수가 없는 운명이어서, 역사와 함께 영원히 살아서 나라의 주체가 되고 생명력이 되어 민족 집단의 핏줄을 이어 갈 것입니다. 이 민중이 일어선 것입니다. 이것이 만민공동회였습니다.

오늘 우리는 2025년 일백이십칠 년 만에 다시 일어섰습니다. 그야말로 만인, 수많은 사람들이 생각을 가지고 그 생각을 뜻있는 소리 말로 만들어서 서로 소통을 하고, 의견의 일치를 보고 하나가 되기 위해 오늘 여기 모였습니다. 생각 있는 사람들은 생각을 말로 표현하여 서로 뜻을 교환하고 뜻이 맞으면, 서로 친구 동지가 되어 보다 높은 경지의 사회변혁 운동에 동력이 될 수도 있습니다. 이것이 인간의 통상적인 삶이고 생활입니다.

너. 나 아닌 이웃과 함께 마을 공동체를 이루고 사회를 이루고 나라를 세워, 사회적인 동물로서의 본연의 특성을 살려, 문화 즉 인간다운 생활을 영위하고, 우주질서 자연환경에 공헌을 하게 되는 것입니다. 세상에서 가장 아름다운 것은 생명의 탄생이고 생명의 생명다운 모습입니다. 생명의 생명다운 모습은 우주질서 환경의 근본인 스스로 섬 스스로 함입니다. 제 스스로 서서(탄생, 낢) 스스로 함(활동, 앎)이, 자연과 우주 생성 운행의 본질이고 참뜻입니다. 나는 생명이고 이 내가 피어나서 모인 것이 사회이고 국가입니다. 그래서 나라. 국가는 제 스스로 서서 스스로 제 일을 제가 하는 것입니다. 그것이 국가의 본질 나라가 갖는 참뜻입니다.

그런데 우리는 지금 일제 36년 아메리카 자본제국의 식민통치

80년 이를 합해서 물경 일백십육 년 동안 나라가 스스로 서지도 못하고 스스로 제일을 제가 처리하지도 못하는 상태에 있습니다. 이러고저러고 긴소리 짧은소리 말 돌릴 것 없이, 지금 우리가 서 있는 땅, 우리가 숨 쉬고 살고 있는 하늘은 자주권이 없는 식민지, 국군 제나라 군대의 통수권도 없는 허수아비 대통령이 다스리는 조선반도 남쪽입니다. 세계 제2차 대전 이후 분단된 세계 여러 국가 중 유일하게 통일도 못 하고 살아가고 있는 부끄러운 나라입니다.

오늘 만민공동회의 주제가 말하는 것처럼 우리는 나라의 분단 극복, 한시바삐 통일하는 것입니다. 통일은 한시도 미룰 수 없는 나라의 최 급선무이고 역사의 사명이고 우리 민족이 갚아내야 할 민족적 채무이고, 이 시대를 살아가는 지구촌 사람들의 국제적 책무이기도 합니다.

우리 국토의 분단 우리 머리 위에 들씌워진 이 수난과 고통의 제일 책임자는 두말할 것 없이 米國입니다. 일본은 원인 제공자이고, 소련과 중국 서구제국들은 방관자이면서 제이 제삼 책임자들입니다. 그 속을 파고들면 공동 범죄자들입니다. 그들에게 국제 도의와 국가적 양심이 있다면 米國을 충고 견제하여 조선반도 분열책동을 멈추게 해야 할 책임이 있는 것입니다.

우리는 이제 분단 80년 휴전 72년을 맞으며, 미국은 절대로 한국에서 물러가지 않는다는 것을 깨닫지 않을 수 없었습니다. 미국은 양키의 본성 그대로 약소국 침략 약탈 정복을 즐기고, 인간 사냥 학살 만행, 사람을 대량으로 죽이는 전쟁을 하지 않고는 살아갈 수 없는, 악의 문명 범죄문화를 최상의 가치로 삼는, 지구 파멸 인류 멸망을 목표로 삼은 국가입니다. 인간말종, 막가파식 폭력숭배 죽음의 문명을 지향하는 국가입니다. 미국인들은 인디안의 너른 땅을 다 빼앗고 그 땅의 주인이고 생명과 인권을 가진 인디안들을 다 죽여 버렸습니다. 서부를 침략 약탈하던 버릇을 그대로 가지고 있는 양키들은 사람 죽이는 것, 영토 빼앗는 것을 오락으로 재미로 생각하고 있습니다.

아무 죄도 잘못도 없는 우리나라 조선반도를 두 쪽으로 동강을 내고, 같은 민족 동포끼리 전쟁을 시켜 서로 원수를 만들어서 분한 고착, 영구 지배를 획책하고 있습니다. 이제 더 이상 속에서는 안 됩니다. 우리 흰옷겨레는 심성이 곱고 순진하여 양키들에게 판판이 속아 왔습니다.

4.19를 통해 이승만 자유당에 대한 민중의 분노를 해소하고, 38선으로 인한 민족모순에 눈을 뜬 남한 백성으로 하여금 민족통일에 대한 희망을 갖게 하였습니다. 미국의 이 엿 먹이는 수법은 계속 발달하여, 군사 파쇼 통지에서 벗어나 김영삼 김대중 대통령을 등장시켜 북한과 대화를 하고 평화 분위기를 띄워 또 남한 백성을 속였습니다! 적당히 긴장시켰다가 또 통일이 곧 될 것처럼, 문재인의 4.27판문점선언, 평양방문 북녘동포를 향해 직접 연설을 시키고, 군사분계선의 전방초소들을 폭파, 곧 나라가 하나 되는 것처럼 민중을 헷갈리게 우롱했습니다.

이것이 다 미국의 장난입니다. 이렇게 순진한 남북 민중을 속이고 속이면서 1945년 이후 80년 동안, 한 세기가 가까운 세월에 시간을 끌면서, 영구분단 상황을 이끌어온 것입니다. 양키들의 속임수 정보 전략은 끝이 없고 한이 없습니다. 이제 80년 동안 속았으면 끝장을 내야 합니다. 동물원 원숭이처럼 양키 속임수에 속지만 말고 이제 제정신을 차려야 합니다. 제정신 바짝 차리고 민족혼 민족정기, 원래의 웅혼하고 활달한 고구려적인 바탕기질 민족의 정심(正心)을 찾아 나서야 합니다.

이번 빛의 혁명, 남태령 대첩에서 보여준 2030 여성 젊은이들이 보여준 투쟁의지는, 하나의 희망의 불빛이었습니다. 정신사적 의미에서 민중운동, 통일투쟁의 새로운 장을 열었습니다. 우리는 여기에서 민족통일, 우리 민족이 하나가 될 수 있는 길을 열었습니다. 그 가능성의 빛을 보았습니다.

이게 무슨 소리냐? 세계 제2차 대전으로 우리와 함께 동서로 분단되었던 게르만 독일민족이 하나로 통일되었습니다. 그 거대한 역사의 장애물이었고 전 세계 인류의 국제 현안이었던, 베를린장벽이 무너지고 분할된 동서독이 통일되는데, 그 큰 나라 그 큰 민족이 하나 되는데, 총 한 방 쏘지 않았어요. 돌멩이 하나 던지지 않았어요. 몽둥이 하나 들지 않고, 그 절망적이고 암흑적인 동서 양극의 대치점이었던 베를린 장벽이 무너지는데, 피 한 방울 흘리지 않았고, 무고한 사람 하나가 죽지도 않았지 않습니까? 그야말로 무쟁투, 무전쟁, 일대 평화사변 평화통일의 기적이 일어난 것입니다. 독일통일은 무혈통일이었어요.

우리도 일어서야 합니다. 미국이 공짜로 우리에게 통일을 줄 것인가? 죽음으로 사는 심정으로 결단코 8천만 남북 민중이 모두 팔을 걸고 일어서야 한다! 범람하는 민족의 강물, 대양을 덮어버리는 거대한 해일처럼, 8천만 동포가 남북 모두 일어나자! 8월 15일이건 3.1절이건, 정월 초하룻날이라도 섣달그믐날이라도, 아무 때나 날짜를 정해 일어나자!

양키가 총을 쏘든지 말든지, 지뢰가 터지든지 말든지 무슨 상관이랴. 8천만 동포. 1억 6천만 개의 발목이 다 날아가도, 우리는 걷자. 동포된 자는 나아가자. 앞으로! 본래의 하나가 되기 위해!

가자 북으로, 오라 남으로, 만나자 38선에서!

가자 남으로, 오라 북으로, 만나자 38선에서!

한반도를 갈등의 땅에서 평화의 중심지로

고은광순 (사)평화어머니회 이사장

미국의 장악(NDAA-주한미군, 전작권/가짜유엔사)

한반도는 해방이 아닌 분할 점령으로 1945년 8.15를 맞이했다. 이후 미군정과 한미상호방위조약, 유엔사를 통한 지휘체계, 전작권 미반환 등으로 한국은 미국의 군사적 식민지에 머물러 왔다. 특히 미 의회의 NDAA(국방수권법)를 통해 주한미군 유지, 전략자산 전개, 전작권 반환 불가 조항까지 일방적으로 규정하고 있는 현실은 심각하다.

더불어 '유엔사'라 불리는 실체는 유엔과 무관한 가짜 사령부로, 미국 단독 지휘 아래 한국군과 국민을 통제하는 수단이다. 조국통일을 가로막는 최대 걸림돌은 바로 미국의 군사장악이며, 그 뿌리를 뽑는 것은 통일의 전제 조건이다.

가스라이팅 된 식민지 종들

미국은 해방 이후 친미 앞잡이 정치가들을 앞세워 조작, 은폐, 거짓으로 북을 혐오하게 만들고, 자신에게 복종적인 정치 세력, 학자, 언론을 통해 대중을 세뇌하며 친미 사대의식을 주입해 왔다. 이 과정에서 자주, 통일, 평화의 목소리는 '종북'으로 낙인찍히며 억압되었다. 국민들이 미국의 실체를 정확히 인식하지 못하고 오히려 미국을 구원자로 착각하게 만든 이 구조적 세뇌는 조국통일을 가로막는 내부의 적이다. 정가와 대중의 심리적 지배를 깨는 일에 공을 들여야 한다.

미국에 입틀막 했던 정치인들

정치권 대다수는 미국의 입김 앞에서 침묵하거나 스스로 무릎 꿇었다. 한미 FTA, 사드 배치, 주한미군 방위비 분담금 증액, 한미일 군사협력 강화 등 모든 국면에서 국민보다는 미국의 이익을 먼저 고려한 정치인들이 통치해 왔다. 특히 전작권 반환 문제나 유엔사 해체와 같은 자주적 요구는 국회와 정부 어디에서도 본격적으로 논의되지 못했다. 이러한 침묵과 복종은 결과적으로 국민의 자주권을 저버린 것이다. 입틀막을 넘어서 미국에 '노(NO)!'라고 말할 수 있는 자주 정치인이 필요하다.

적폐 청산(내란당 해산, 국가보안법 폐지, 검찰, 사법, 언론 개혁)

해방 이후 친일파가 친미파, 반공파로 둔갑해 권력을 장악, 이후 '내란당'으로 전락하며 군사쿠데타, 학살, 헌정파괴를 반복했다. 국가보안법은 이러한 반역세력을 보호하는 도구가 되었고, 검찰과 사법부, 언론은 이를 정당화하고 보호하는 방패막이가 되었다. 이 적폐를 해체하지 않으면 어떤 진보도 가능하지 않다. 내란당 해산, 국보법 폐지, 검찰 및 사법개혁, 언론 정상화는 자주와 통일의 기반을 닦는 필수 과제다.

탈미, 탈서방(만국의 병마가 모두 나가고 만국과 통상하면 개벽)

'탈미'는 단순한 반미가 아니라 종속에서 벗어나 세계와 교류한다는 뜻이다. 아시아, 아프리카, 남미 등 비서구 국가들과 평등한 외교와 통상관계를 수립하는 것은 새로운 문명 개벽의 길이다. 병든 제국의 쇠퇴는 새로운 기회의 시작이다. 미국과의 '동맹'은 우리를 노예로 만들었고, 이제는 '동등한 국제협력'이 우리의 살길이다. 탈미는 곧 자주의 실현이며, 통일의 징검다리다.

자주권 찾기 위한 주권자들의 일관되고 꾸준한 외침 필요

미국과 그 하수인 세력은 국민의 입을 막고, 귀를 닫고, 눈을 가리려 한다. 그러나 자주와 통일은 주권자, 즉 국민이 끊임없이 요구하고 실천할 때만 가능하다. 반복되는 외침은 결국 큰 물줄기를 만든다. 촛불혁명이 그랬고, 사드 반대 투쟁도 그랬다. 주권자들이 한목소리로 '이 땅의 주인은 우리다', '자주가 곧 평화다'를 외칠 때, 변화는 시작된다. 권력자들이 일관되고 꾸준한 주권자의 외침에 무릎 꿇게 만드는 그 힘이, 식민과 분단의 사슬을 끊는 원동력이다.

필리핀, 일본 등 세계의 평화시민들과 국제연대 필요

미국의 제국주의적 압박은 한반도에만 국한되지 않는다. 필리핀은 미군기지와 안보협정으로 주권을 침해받고 있으며, 일본 역시 '반전 헌법'을 무력화하며 군사국가로 회귀하고 있다. 전 세계 곳곳에서 미국의 패권주의에 저항하는 시민들이 존재한다. 한국의 자주·평화운동은 이들과의 국제적 연대로 확장되어야 한다. 핵 없는 동아시아, 미군 없는 아시아, 평화협정 체결, 비동맹 중립국가화 등의 의제는 동북아 전체 시민들의 공동 과제다. 국제연대는 우리 힘의 확장이고, 통일의 후방 지원이다.

미국부터 비핵화, 전 세계의 비핵화

한반도의 비핵화는 북한만이 아니라, 미국도 포함해야 한다. 주한미군의 핵우산, 미국의 전술핵무기 투입 가능성, 핵전략자산의 전개 등은 한반도 평화의 가장 큰 장애물이다. 미국이 자신들의 핵을 포기하지 않으면서 북한만 무장해제를 요구하는 것은 위선이다. 나아가 전 세계적으로 핵무기를 폐기하고, 핵보유국의 책임을 묻는 국제적 흐름이 절실하다. '비핵 한반도'는 '비핵 세계'의 출발점이다. 평화를 원한다면 미국부터 비핵화해야 한다.

전쟁 대신 정치와 외교로

전쟁은 민중에게 고통만 안기고, 무기 장사와 그 앞잡이들에게만 이익을 안긴다. 특히 분단체제에서 전쟁은 민족공멸의 길이다. 전쟁이 아닌 정치, 외교, 대화의 방식으로 문제를 풀어나가는 것이야말로 진정한 자주의 길이다. 북과 남, 그리고 주변국들이 상호 존중을 바탕으로 상시적 정치대화를 이어가야 한다. 군사적 충돌은 즉각 중단되고, 평화협정 체결과 외교 관계 정상화로 나아가야 한다. 정치는 힘의 논리가 아니라, 귀한 인간의 삶을 중심에 두는 평화의 예술이어야 한다.

원원하는 세계, 세계 평화의 심장 한반도

한반도는 갈등의 땅에서 평화의 중심지로 탈바꿈할 수 있다. 한반도가 평화와 협력의 모델이 되면, 이는 중동, 동남아, 아프리카에도 긍정적 신호를 줄 수 있다. 우리 민족은 단군 이래 침략보다는 화합을 중시한 역사와 전통을 가지고 있다. 조국통일은 단지 남북의 통합이 아니라, 세계 평화의 모범사례가 될 수 있다. 우리는 피해자 민족이 아니라 평화의 주도자가 될 수 있다. 한반도에서 피어나는 자주와 평화의 불꽃이 세계를 밝히는 심장이 되어야 한다.

자주, 민주, 통일의 실현에서 매국노 청산의 중요성

정호일 우리겨레연구소(준) 소장

> 1. 한국 사회의 본질적 문제는 식민과 분단에 있다
> 2. 식민과 분단을 극복할 대안은 자주, 민주, 통일이다
> 3. 자주, 민주, 통일을 실현하자면 애민, 애국의 기치로 주권을 찾아야 한다
> 4. 주권을 확립하자면 외세의 침략과 침탈에 반대하면서 매국노를 응징해야 한다
> 5. 매국노 청산은 자주, 민주, 통일 실현의 핵심적 요구이다

1. 한국 사회의 본질적 문제는 식민과 분단에 있다

인간은 사회를 구성해서 사회적 관계를 맺고 살아갑니다. 여기서 인간이 인간으로서 삶을 살아가려면 인간으로 취급받아야 합니다. 인간으로 대접받고 존중받으면 비록 상황이 어렵다고 하더라도 그 상황을 점차 고쳐가는 길로 나아갈 수 있습니다. 하지만 인간으로 취급받지 못하면 인간이 아닌 상황이라는 것인데, 거기서 인간적인 삶을 살아갈 수는 없을 것입니다. 그 때문에 인간적인 삶을 살아가려고 한다면 무엇보다 인간으로 대접받고 존중받는 문제부터 풀어가야 합니다.

그런데 인간으로 대접받고 존중받느냐는 나라와 민족의 독립에 달려 있습니다. 왜냐하면 국제 사회에서 주권의 행사는 나라와 민족 단위로 이뤄지기 때문입니다. 여기서 주권을 행사하지 못하면 상갓집 개만도 못한 취급을 받게 됩니다. 이것은 주권 행사의 문제가 인간 존엄의 문제와 맞닿아 있다는 것을 말해줍니다. 인간의 존엄이 비참하게 훼손되는 조건에서 거기에서 삶의 가치를 느끼고 적극적으로 살아가려는 모습이 나올 수는 없을 것입니다. 죽지 못해 사는 것이고, 그런 인생이라면 차마 자기 자식에게 물려주고 싶지 않을 것입니다.

한국이 세계 최저 출산율, OECD 국가 중 최고 자살률을 기록하고 있는 것도 이와 무관치 않다고 할 수 있습니다. 단적으로 민생 문제를 해결하고 민주주의를 실현하려고 해도 주권을 행사하지 못하고 있다면 이런 과제를 어떻게 풀 수 있겠습니까? 그래서 사회의 제반 문제를 풀어가는 데 있어서 일차적으로 따져보아야 할 것은 주권을 제대로 행사하고 있느냐, 그렇지 못하느냐입니다.

그런데 한국 사회는 미국과의 불평등한 협정과 조약으로 인해 주권을 제대로 행사하지 못하고 있습니다. 이런 조건에서 다른 제반의 문제가 올바르게 풀어질 리 만무합니다. 그럴 수밖에 없는 게 미국으로부터 주권을 제대로 행사하지 못하는 대외관계는 단순히 그 상황만으로 그치지 않고 대내 정책의 제반 문제로까지 영향을 미치기 때문입니다. 이를 보면 한국 사회의 본질적 문제의 근원이 미국으로부터 주권을 제대로 행사하지 못해 사실상 식민지배를 받고 있기 때문이라는 것을 알 수 있습니다.

그렇다면 한국 사회의 문제를 해결하자면 이런 미국과의 불평등한 협정과 조약을 고쳐 사실상의 식민 지배에서 벗어나는 길로 가야 할 것입니다. 그런데 왜 그 길로 가지 못하느냐는 것입니다. 바로 여기서 또 하나의 근원적 문제가 나타납니다. 그것이 바로 남북 간의 분단입니다. 다시 말해 남북이 분단된 상황으로 인해 미국과 불평등한 관계가 형성되어 있어도 어쩔 수 없다고 감수하게 만들고, 또 그렇게 감수하게 되니 그로 인해 미국의 요구와 간섭으로 남북 관계가 통일의 과정으로 나아가지 못하고 더욱더 분열과 대립, 대결이 격화되는 길로 나아가는 역관계의 상승 작용 과정이 벌어지게 된다는 것입니다.

이것을 보면 한국 사회의 본질적 문제가 미국으로부터 주권을 제대로 행사하지 못하고 있는 측면만이 아니라 남북의 분단도 함께 작용하고 있음을 알 수 있습니다. 그래서 한국 사회 문제의 근원은 미국의 식민 지배와 함께 남북 간의 분단 상황이라고 할 수 있습니다.

2. 식민과 분단을 극복할 대안은 자주, 민주, 통일이다

식민과 분단이 한국 사회 문제의 근원이라고 한다면 이를 고쳐야 하겠는데, 그러자면 이런 식민과 분단 체제가 어떤 방식으로 작동되면서 유지되고 있는가를 살펴보아야 합니다. 그 작동 관계를 명확히 이해한다면 그 부분을 고치면 될 것이기 때문입니다.

그러면 식민과 분단 체제가 작동되는 요체가 무엇일까요? 그것은 한미동맹, 반공, 반북의 절대화입니다. 이 절대화로 미국의 식민 지배를 받고 있는데도 고치는 길로 나아가지 못합니다. 아울러 사상과 양심, 언론의 자유도 제대로 누리지 못해 남북 간의 분단 관계를 어떻게 평화적 방법으로 통일할 것인지에 대해 논의도 제대로 전개하지 못하고 무작정 대립, 대결의 길로 나아가 식민과 분단 체제가 계속 유지되고 있습니다.

물론 한국 사회를 유지하기 위한 하나의 방편적 주장으로 한미동맹, 반공, 반북을 거론할 수는 있습니다. 하지만 그것은 하나의 방법일 뿐이고, 또 상황과 조건에 따라서는 바뀔 수 있는 것으로 여겨져야 합니다. 목적과 수단이 서로 혼동되어서는 안 된다는 것입니다.

실상 한미동맹, 반공, 반북을 주장하게 된 이유를 따져보면 한국 사회를 위해 이런 부분이 필요할 수도 있겠다 하는 하나의 방법적 측면에서 제기된 걸로 봐야 합니다. 그런데 그것 자체를 신줏단지처럼 모시고 우상화하는 방식으로 절대화한다면 이는 한참 잘못되고 왜곡된 행위라고 봐야 할 것입니다.

단적으로 한미동맹은 이를 통해 한국의 안보를 지켜 민의 생명과 재산, 권리를 지키기 위해서일 것인데, 도리어 한미동맹 자체가 목적이 되어 미국의 식민 지배를 받아 한국 민이 상갓집 개만도 못한 취급을 받는 치욕과 고통을 겪게 된다면 그런 동맹이 무슨 필요가 있냐는 것입니다. 마찬가지로 반공도 잘못된 인식일 수 있겠지만, 일단 일당독재 사회가 되면 민주적 권리를 누리며 살지 못할 것 같으니까 그런 사회가 되어서는 안 된다는 것인데, 도리어 반공 이념의 노예가 되어 인간의 가장 기본적인 권리인 사상과 양심의 자유, 언론의 자유까지 제약받게 된다면 도대체 그런 반공 이념이 무슨 필요가 있겠느냐 하는 것입니다. 반북도 남북 간의 분단 상황에서 북의 침략이 일어날 수도 있어 이를 미연에 막아 평화와 안정을 지키고자 하는 것일 터인데, 도리어 윤석열처럼 반북의 절대화로 극한적인 대립, 대결로 나아가 전쟁 위기 상황을 맞아 불안에 떨게 하면서 삶의 터전마저 파국으로 치닫게 한다면 도대체 반북 입장을 견지해야 할 필요가 어디에 있겠느냐 하는 것입니다.

바로 여기서 한미동맹, 반공, 반북의 절대화로 인한 전도된 가치를 바로잡아야 할 필요성이 제기됩니다. 한마디로 하나의 수단일 뿐인데 목적으로 잘못 왜곡되어 절대화되고 있는 부분을 바로 세워야 한다는 것입니다. 그러자면 원래의 목적과 의도에 맞게 목표를 제시하면 될 것입니다. 그리된다면 한국 사회의 이익에도 부합할 것이고, 이를 주장하는 사람들도 반대할 이유가 없을 것이기 때문입니다.

게다가 원래의 목적에 맞게 바로잡으면 한미동맹, 반공, 반북의 절대화로 인해 식민과 분단 체제가 유지되었던 만큼 이런 상황 또한 고쳐지게 될 것입니다. 이를 보면 이 문제 해결은 원래의 목적과 의도에 맞게 과제를 바로 세우는 것이 관건으로 된다는 것을 알 수 있습니다.

그러면 원래의 목적과 의도에 맞게 어떻게 고치면 되겠습니까? 먼저 한미동맹을 맺는 이유는 국력이 약해 주권적 권리를 행사하지 못하는 상황에 놓이면 안 되기에 그 동맹관계를 이용해 주권을 고수하고자 하는 것이라고 볼 수 있습니다. 그렇다면 한미동맹 자체가 목적이 아니라 주권을 고수해서 영토와 국가 안보, 민의 생명과 재산, 권리를 지켜내는 것으로 되어야 할 것입니다. 그러니까 동맹을 맺더라도 주권부터 행사하는 속에서 이뤄져야 하는 것이지 주권도 행사하지 못하는 상황에서 동맹 자체를 맺는 것을 절대적 목표로 삼는 것은 잘못된 것이라고 할 수 있습니다. 이를 바로잡는 것은 주권의 고수라고 할 수 있고, 주권의 고수는 나라와 민족의 자주권 확립이라고 할 수 있을 것입니다.

반공도 사람이 자유를 누리고 행복하게 살자면 독재사회가 되어서는 안 된다는 이유였을 것입니다. 독재사회가 되면 무엇보다 사상과 양심, 표현의 자유가 제약받기에 인간다운 삶 자체가 가능하지 않게 된다는 것입니다. 그렇다면 이를 해결하자면 사회의 민주화를 목표로 내걸면 될 것입니다.

사회의 민주화를 목표로 내걸면 독재정치와 독재사회를 반대하는 것이니 이를 수용하지 못할 이유가 없습니다. 그뿐만 아니라 사회의 민주화를 내걸면 설사 반공을 내세우더라도 그것이 다른 사람의 사상과 양심, 표현의 자유를 가로막는 요인으로 작용되는 것을 막아줄 것입니다. 그러면 자유롭게 수많은 사상과 이론이 제기될 수 있을 것이고, 그에 따라 인간의 삶도 더욱 풍요로워질 것입니다.

반북도 남북이 서로 분단되어 있으니 여기서 서로 싸우다가 나라를 지키지 못하면 평화와 안정이 파괴되고 삶의 기반이 무너질 것이기에 이런 불상사를 미연에 막자는 의도일 것입니다. 그런데 진짜 현실은 통일이 되지 않으면 언제든지 평화가 깨질 수 있고,

또 민족이 분단된 상태라면 외세의 농간으로 남북이 서로 피해 보는 상황도 수시로 발생할 수 있다는 것입니다. 그래서 각기 다른 입장 때문에 설사 싸우는 경우가 있더라도 거기에서 벗어나 온전한 평화와 안정을 확고히 보장하는 방법은 서로 합의해서 통일하는 것이고, 통일이 되면 불안정한 평화도 공고하게 될 것이니 이를 반대할 이유가 없을 것입니다. 도리어 대립 대결에서 벗어나고 쓸데없는 없는 국력 낭비도 줄이게 될 것이니 남북 상호 간에도 도움이 될 것입니다.

결국 한국 사회의 본질적 문제가 식민과 분단에 있고, 이 식민과 분단 체제를 유지하는 기초가 한미동맹, 반공, 반북을 절대화하는 왜곡된 현상에 있으니만큼 이렇게 잘못 전도된 현상을 원래의 목적에 맞게 바로 잡으면 된다는 것입니다. 즉 한미동맹 자체가 아니라 나라와 민족의 자주권을 확립하는 것으로 바로 세워야 하고, 반공 자체가 아니라 사회의 민주화를 이룩하는 것으로, 반북 자체가 아니라 서로 합의해서 조국통일을 이룩하는 것으로 그 목적과 과제를 똑바로 세워야 한다는 것입니다. 바로 여기서 식민과 분단의 근원적 문제를 극복할 대안이 자주, 민주, 통일이라는 것을 명확히 알 수 있습니다.

3. 자주, 민주, 통일을 실현하자면 애민, 애국의 기치로 주권을 찾아야 한다

1980년 광주민주항쟁 이후 나라와 민족의 자주화, 사회의 민주화, 분단된 민족을 통일하자는 자주, 민주, 통일은 한국 사회의 식민과 분단의 근원적 문제를 해결하기 위한 목표이자 과제로 자리 잡았습니다. 그리고 이를 실현하기 위한 투쟁 과정에서 군사독재 세력은 더 이상을 맥을 추지 못하게 되었고 역사의 무대에서 퇴장되었습니다. 그 결과 군사독재 세력에 의해 인간의 기본적 권리조차 누리지 못하던 처지에서 벗어나 누구나 평등하게 자유를 누리고 살아야 한다는 것을 인정받기에 이르렀습니다.

하지만 자유와 평등은 형식적으로만 인정받고 실질적으로 누리지 못하면 별반 도움이 되지 않습니다. 왜냐하면 실질적으로 누리지 못하면 자유와 평등을 누리지 못하는 것과 다름없기 때문입니다. 그런데 자유와 평등을 실질적으로 누리고 살자면 주인의 권리를 누리느냐, 그렇지 못하느냐의 문제로 접근해야 풀어집니다. 게다가 인간은 개성을 가진 존재로서 집단을 구성하여 나라와 민족 단위로 살아가고 있습니다. 그래서 인간이 실질적인 자유와 평등을 누리자면 이 모든 부분에서 주인의 권리를 누리고 살아야 합니다.

이로부터 자주는 민족의 자주만이 아니라 개인과 집단, 나라와 민족 단위의 모든 부분에서 주인의 권리를 누리고 살아야 한다는 것으로 확대되었고, 민주 또한 군사독재 체제에 대한 반대만이 아니라 개인과 집단, 나라와 민족 단위의 모든 부분에서 주인의 권리를 실현하기 위한 제도와 질서 체계를 수립하는 것으로 풍부화되었고, 통일 또한 한반도 전체 차원에서 주인의 권리를 누리기 위한 것으로 확장되었습니다.

자주, 민주, 통일이 이렇게 풍부화된 것은 시대의 높이가 달라졌기 때문입니다. 시대의 높이는 사회와 역사의 주체인 민에 의해서 규정됩니다. 그럴 수밖에 없는 게 사회와 역사를 추종하는 근원적 힘이 민의 의해서 이루어지기 때문입니다.

　현시기 민은 개성을 가진 존재로서 집단을 구성하여 나라와 민족 단위로 살아가고 있기 때문에 이 모든 부분에서 주인의 권리를 누리며 살려고 합니다. 이로부터 앞에서 밝혔듯이 자주, 민주, 통일의 내용이 풍부화되었고 확장되었습니다. 그런데 여기에서 또한 필연적으로 제기되는 문제는 이 모든 부분에서 주인의 권리를 누리고 살아야 하는데, 어떻게 풀어가야만 그렇게 해결될 수 있겠느냐는 것입니다. 이 대목에서 일치와 입체, 통일의 방법론이 나오게 됩니다. 다시 말해 개인과 집단, 나라와 민족 단위에서의 제반 권리를 실현하는 관계를 살펴보니 이들 간의 관계가 상호 일치되어 입체적이고 통일적으로 풀어진다는 것입니다.

　그럴 수밖에 없는 게 개성을 실현하자면 인간의 보편적 권리를 가로막는 최대의 세력부터 반대해 나서야 하는데 바로 이들이 외세와 매국노들이었고, 집단의 권리를 실현하자면 집단적 차이를 차별로 전환하여 지배하는 최대의 억압 세력을 극복해야 하는데 이들이 바로 외세와 매국노들이었으며, 나라와 민족적 권리를 보장하자면 주권부터 되찾아야 하는데 이를 가로막는 최대의 세력이 바로 외세와 매국노들이었던 것입니다.

　다시 말해 개인과 집단, 나라와 민족 단위의 모든 부분에서 권리를 실현하려고 하는 데에서 현시기 이를 가로막는 최대의 세력이 외세와 매국노로 그 극복 대상이 같았고, 이를 풀어나가야 할 주체 또한 민으로 동일했다는 것입니다. 이로부터 사회와 역사의 주체인 민이 근거해야 할 핵심적 기치가 애민 애국이라는 것을 알 수 있습니다. 현시기 개인과 집단, 나라와 민족 단위의 권리를 가로막는 최대의 세력이 각각 외세와 매국노로 동일했던 것인 만큼 애민 애국의 기치에 근거해 이들을 극복해 가야 한다는 것입니다.

이렇게 현시기 개인과 집단, 나라와 민족 단위의 모든 부분에서 주인의 권리를 실현하기 위한 핵심적 기치가 애민 애국으로 통일되어 있다면 이것은 주권 문제를 풀어가는 데서도 애민 애국의 기치에 근거해야만 한다는 것을 말해줍니다. 왜냐하면 개인과 집단, 나라와 민족적 단위에서 우선적으로 일치되어 나타난 부분은 주권의 행사 영역이기 때문입니다. 당연한 게 주권을 어떻게 행사하느냐는 인간이 어떤 대접을 받고 있느냐의 문제와 직결되어 나타나기 때문입니다. 그뿐만 아니라 주권을 행사하여 담보하지 못하면 개인과 집단의 권리를 누리고 살 수 없습니다. 나라가 망했을 때 거기서 개인과 집단의 권리를 논하는 것 자체가 의미 없기 때문입니다.

이를 보면 현시기의 풍부화된 자주, 민주, 통일의 과제를 실현하자면 애민 애국의 기치에 근거해 주권 문제를 일차적으로 풀어야 하고, 이는 결국 애민 애국의 기치에 근거한 애국정권을 세워야만 해결된다는 것을 알 수 있습니다.

4. 주권을 확립하자면 외세의 침략과 침탈에 반대하면서 매국노를 응징해야 한다

애민 애국의 기치에 근거해 애국정권을 세움으로써 주권 문제를 해결하자면 우선적으로 외세의 침략과 침탈에 대해 단호히 반대해 나서야 합니다. 주권의 유린 현상이 나타나는 것은 외세의 침략과 침탈이 벌어지기 때문입니다. 그래서 주권을 고수하자면 외세의 침탈에 대해서 경각심을 가지고 단호히 대처해야 합니다. 그렇지 않으면 주권이 유린되고, 그러면 민이 나라와 민족 단위에서 운명공동체로 살아왔던 삶이 파괴됩니다. 이런 파국에 처하지 않으려면 외세의 침략과 침탈에 대해 단호히 대응하여 주권을 확고히 고수해야 한다는 것입니다.

외세의 침략과 침탈에 단호히 대처해야 하는 이유는 또한 외세의 침략과 침탈을 받게 되면 이것은 단순히 대외관계의 영역에만 그치지 않고 대내 정책에도 영향을 미치기 때문입니다. 그래서 침략과 침탈을 받아 대외관계에서 억압적 지배 질서가 형성되면 대내 정책에도 그런 질서 체계가 자리 잡게 됩니다.

애민 애국의 기치에 의해 애국정권을 세워 주권을 고수하려는 것은 개인과 집단, 나라와 민족 단위의 모든 부분에서 주인의 권리를 누리며 살려고 하는 것인데, 외세의 침략과 침탈을 받게 되면 결국 그 모든 부분이 실현 불가능하게 된다는 것입니다. 개성의 실현과 집단의 권리 보장은 물론이고 민생 해결과 민주주의의 가치 실현도 허망한 꿈에 지나지 않게 된다는 것입니다.

트럼프가 관세와 방위비 분담금 인상을 거론하며 침탈을 자행하려고 하는 조건에서 이를 허용한다면 한국의 제반 문제를 어떻게 해결해 갈 수 있겠습니까? 경제도 망가지고 민생도 파탄 날 것이며 빈부격차가 더욱 극심해져 사회적 갈등이 첨예화되어 민주주의 자체도 파괴되고 말 것입니다. 이처럼 외세의 침략과 침탈이 단순한 대외관계로만 그치지 않고 국내 민의 삶에 직접적 영향을 미칠 수밖에 없기에 아무리 사소한 것이라고 하더라도 외세의 침략과 침탈 행위에 대해서는 단호히 대응해야 합니다.

그런데 외세의 침략과 침탈에 단호히 대처하려고 하더라도 그에 대한 힘이 뒷받침되어야 할 것입니다. 외세가 침입해 왔을 때 힘으로 막아내지 못한다면 무력 앞에서 굴복할 수밖에 없기 때문입니다. 여기에서 외세의 침략과 침탈을 단호히 반대한다는 것은 자체의 힘으로 지켜내야 한다는 원칙을 견지하는 것으로 되어야 한다는 것을 알 수 있습니다. 외세에 의존해서 주권을 고수한다는 것은 허무맹랑한 소리에 불과하다는 것입니다.

이미 국제 사회에서 영원한 적도, 동지도 없다는 것은 확고한 원칙이자 교훈으로 자리 잡고 있습니다. 선의로 도와주는 것 자체를 거부할 필요는 없겠지만, 자체의 힘으로 지켜내야 한다는 원칙을 기반으로 자신의 힘을 강화한다면 그 힘으로 더 많은 나라의 도움을 받을 수도 있습니다. 그 때문에 외세에 의존해서 주권을 행사하겠다는 사고방식은 주권을 고수하지 않겠다는 것이나 마찬가지라고 보고 이에 대해서도 단호히 싸워야 합니다.

즉 군사, 경제, 외교, 사상, 문화 등 제 방면에서 자체의 힘을 키워 가지 않고 외세에 의존해서 풀어가려는 행위는 사실상 주권을 고수하려는 것이 아니라 필경 외세의 침략과 침탈을 허용하는 입장임을 분명히 하고 이에 반대해서 싸워가야 한다는 것입니다. 이것은 외부 나라와 교류와 협력을 하지 말자는 것이 아니라 철두철미 민의 이해와 요구 및 자체의 힘에 근거해서 진행해야 한다는 뜻입니다. 그래야만 난관에 직면했을 때 주권을 고수해서 민의 생명과 재산, 권리를 지켜낼 수 있다는 것입니다.

애민 애국의 기치에 의해 애국정권을 수립해 주권을 고수하기 위해서는 외세의 침략과 침탈에 대해서 단호히 반대해서 싸워야 할 뿐만이 아니라 내부의 적인 외세의 앞잡이 역할을 하는 매국노에 대해서도 단호히 반대하고 응징해야 합니다. 내부의 적인 매국노를 응징하지 않으면 이들이 외세와 짝짜꿍이 되어 매국정권을 세우고는 식민지매국사회로 전변시켜 놓기 때문입니다. 외세와 매국노가 주인 행세하는 식민지매국사회로 전변되면 그때로부터 주권은 유린되고 민은 비참한 상황으로 빠지게 됩니다. 이것은 미국의 요구에 충복인 양 복무하며 앞잡이 역할을 했던 윤석열이 끝내 내란 범죄까지 저지르며 헌정 질서와 민주주의를 파괴하면서 민의 삶을 얼마나 파탄시켰는가를 보면 알 수 있습니다. 그 때문에 애민 애국의 기치로 주권을 고수하자면 외세의 앞잡이 역할을 하는 매국노에 대해서도 적극적으로 반대하고 단호히 응징해야 한다는 것입니다.

5. 매국노 청산은 자주, 민주, 통일 실현의 핵심적 요구이다

애민 애국의 기치에 의해 주권을 고수하기 위해서는 외세의 침략과 침탈에 대해서 반대해야 할 뿐만이 아니라 외세의 앞잡이 역할을 하는 매국노를 응징하고 청산해야 하는데, 그러면 이 둘 간의 관계에서 어디에 화력을 집중해야 하겠습니까? 그것은 바로 매국노를 청산하는 데에 힘을 집중해야 합니다.

물론 매국노의 청산에 힘을 집중해야 한다고 해서 외세와 매국노의 관계에서 매국노가 실질적인 힘을 가진 지배 세력이라고 말하는 것은 아닙니다. 외세의 침략과 침탈이 이뤄지는 기본적인 힘은 외세에 있습니다. 하지만 외세의 침략과 침탈이 이루어지게 하는 결정적 역할은 매국노의 행위에 달려 있다는 것입니다.

그렇게 보는 이유는 식민지 지배 방식이 신식민지로 변화된 상황과 관련되어 있습니다. 직접적인 지배 방식에서 간접 지배 방식으로 바뀌었다는 것입니다. 게다가 한국의 통치자는 미국이 임명하는 것이 아니라 한국의 주권자가 투표로 뽑는다는 것입니다. 그뿐 아니라 민이 개인과 집단, 나라와 민족 단위의 모든 부분에서 주인의 권리를 누리고 사는 것이 시대적 요구로 제기되고 있는 상황에서 민이 나라와 민족 단위에서 주권을 보장받고 행사하는 것은 국제 사회에서 당연한 권리로 인정되고 있습니다.

이런 상황에서 외세의 침략과 침탈이 이루어지자면 외세의 앞잡이 역할을 하는 매개자가 필연코 필요하다는 것입니다. 다시 말해 외세의 침략과 침탈이 이뤄지자면 불평등한 협정과 조약을 맺어야 하는데, 바로 이것을 외세의 앞잡이 역할을 하는 매국노가 행한다는 것입니다. 이 매개자 역할을 매국노가 행함으로써 외세는 침략과 침탈을 정당화하면서 식민 지배를 강박하게 되는 것입니다. 여기서 매개자 역할을 하는 고리를 끊어버려야 합니다. 그 길이 바로 매국노를 응징해서 청산하는 것입니다.

외세의 식민 지배에서 벗어나기 위해 매국노 청산에 화력을 집중해야 하는 이유는 또한 외세의 식민 지배에서 벗어나고자 하는 애국적 행위를 매국노들이 실질적으로 가로막고 방해하고 있기 때문입니다. 외세의 침략과 침탈에서 벗어나자면 불평등한 협정과 조약을 고쳐야 합니다. 주권을 보장받고 존중받는 관계로 만들어야 합니다. 그런데 그것을 매국노들이 가로막고 방해하고 있다는 것입니다. 한미 관계에서 한국이 불평등한 한미상호방위조약과 한미행정협정으로 인해 주권조차도 제대로 행사하지 못하고 있다면 이를 단호히 고쳐가야 할 것인데, 이를 끊임없이 가로막고 훼방을 놓는다는 것입니다. 그러니 주권을 회복하는 길로 나아가지 못하게 됩니다. 이를 해결하는 길은 미국의 앞잡이 역할을 하면서 그것을 가로막고 방해하는 매국노들을 응징하는 것입니다.

매국노 응징과 청산에 힘을 집중해야 하는 이유는 또한 매국노들이 외세의 침략과 침탈에 대해 민이 하나같이 단합해서 싸우지 못하도록 분열 행동을 일으키기 때문입니다. 외세의 침략과 침탈에서 벗어나자면 민이 애민 애국의 기치로 단합해서 싸워야 하고, 그래야 이길 수 있는데 바로 이를 가로막고 방해한다는 것입니다. 내부에서 분탕질하게 되면 그 힘은 두 배 이상으로 약화됩니다. 이를 바로잡고 민이 애민 애국의 기치로 강력히 단합하기 위해서는 매국노를 응징하는 데에 집중해야 한다는 것입니다. 매국노를 응징하고 청산하면 단합의 기운이 더욱 높아질 것이고, 그러면 그 단합된 힘으로 외세의 침략과 침탈에 대해 싸워 이길 수 있다는 것입니다.

주권을 고수해서 외세의 침략과 침탈에 벗어나기 위해 매국노에 대한 응징과 청산에 화력을 집중해야 한다는 것은 자주, 민주,

통일의 실현에서도 똑같이 적용됩니다. 그럴 수밖에 없는 게 한국 사회에서 더욱 풍부화되고 확장된 자주, 민주, 통일을 실현하기 위해서는 우선적으로 주권 문제부터 해결해야 하기 때문입니다. 애민 애국의 기치에 근거하여 애국정권을 수립한다면 주권 문제를 해결할 수 있을 것이며, 그러면 그 애국정권에 의거해 한반도의 통일도 실현할 수 있을 것입니다. 조국통일이 한반도 차원에서 민의 권리를 실현하는 것으로 확대된 조건에서 조국통일의 공통적 기치는 당연히 애민 애국의 기치로 될 것이기 때문입니다. 그러니까 이 공통점을 근거로 계속 확대 강화해 가면 조국통일은 필연적으로 이뤄진다는 것입니다.

실상 지금껏 조국통일이 이뤄지지 못한 것은 그 공통점이 애민 애국의 기치이니만큼 이에 근거해 서로 협력하고 단합하는 방식으로 나아가야 할 것인데, 도리어 애민 애국의 기치에 벗어나 함께 할 수 없는 요구 조건을 내걸어 서로 적대해서 대립, 대결하는 분위기로 만들어 나갔기 때문입니다. 남북이 애민 애국의 기치로 단합하여 서로 협력하여 나가는 것을 한사코 가로막았다는 것입니다. 그러니 남북 관계가 더 악화된 상황으로 치닫는 것은 당연할 것입니다. 이것은 윤석열이 남북 관계를 더욱 파국으로 치닫게 만들어 전쟁 위기 상황까지 조장했던 것에서 여실히 드러났습니다. 이로부터 조국통일을 이룩하자면 이런 방해 세력부터 청산하는 것이 우선이라는 것입니다.

그 때문에 한국 사회에서 근원적 문제 해결의 과제로 제기되고 있는 자주, 민주, 통일을 성과적으로 실현하자면 매국노들을 응징하는 것이 핵심 과제로 된다는 것을 알 수 있습니다. 매국노 청산의 핵심 과제를 해결해야만 애민 애국의 기치에 의하여 애국정권을 수립하여 주권을 고수할 수 있고, 나아가 애민 애국의 기치에 의해 조국통일을 이룩할 수 있다는 것입니다.

이렇게 자주, 민주, 통일을 위한 핵심 요구가 매국노 청산에 있으니만큼 이를 실현하기 위한 법적, 제도적 장치를 만드는 것이 필연코 요구된다는 것을 알 수 있습니다. 그것이 바로 애국 행위는 고무하고 매국 행위를 응징하는 애국법입니다. 그리고 이 애국법을 조국통일에 적용한 조국통일법의 제정입니다.

애국법과 조국통일법이 제정된다면 애국 행위는 고무하고 매국 행위는 응징하는 법질서가 사회적으로 확립되는 만큼 애민 애국의 기치로 단합하는 기운이 높아질 것이고, 그러면 그 힘으로 자주, 민주, 통일의 과제는 필연코 실현되고 말 것입니다.

주한미군, 미국 세계전략의 동북아 전초기지
한미동맹의 예속적 관계에 대해 정부 국민에게 정확히 알려야

고승우 전 민언련 이사장

트럼프 미 대통령이 주한미군 방위비 인상, 한국 국방비 증액 등을 요구할 가능성이 높고 미 정부 당국자들도 유사한 발언을 잇달아 내놓고 있다. 그들은 합의가 안 되면 주한미군 감축, 철수 등의 가능성이 적지 않다는 식의 경고도 내놓고 있다. 이에 대해 한국 정부는 조심스런 입장을 취하고 있다.

과거 한국 정부가 주한미군과 관련해 '북한의 재침이나 핵무기를 막기 위해 주둔 절대필요'라는 점만을 강조하고 주한미군의 실제 역할 등에 대해 입을 다물어 국민의 알 권리가 제대로 충족되지 않았다. 특히 국가보안법이 맹위를 떨치면서 한국사회는 주한미군에 대해 침묵을 강요당한 측면도 크다.

이재명 정부가 들어서면서 외교 안보도 국가이익을 우선하겠다는 다짐을 하고 있어 주한미군 문제도 사실관계에 입각해 그 실체를 점검할 필요가 있다. 국가 간의 국격을 존중한다는 원칙하에 시시비비를 가린다면 그것이 미 국익에도 기여할 것이기 때문이다.

주한미군의 치외법권적 지위 속 한국은 군사적 예속 상태

주한미군은 한미상호방위조약과 SOFA에 의해 그 주둔은 미국의 권리(right)가 행사되는 성격이고 미군부대는 한국 공권력이 미치지 못하는 치외법권적 지위를 누리고 있다. 한미동맹이 기울어진 운동장이라거나 군사적 예속상태라는 지적을 받는 이유의 하나다. 이는 미국이 필리핀, 일본, 나토 회원국 등과 맺고 있는 대등한 군사관계에 비해 대단히 열악해 군사식민지라는 평가가 나오고 있는 실정이다.

냉전기 전후 주한미군은 북한뿐 아니라 중국, 러시아 등 핵 대국의 활동을 견제하는 최전선 군 기지 역할을 했고 평택, 오산, 군산, 성주 등의 미군기지가 대표적이었다. 주한미군은 미국 인도태평양 사령부 전략 내에서 북한 억지뿐 아니라, 대만해협·동중국해·남중국해 사태 시 동원 가능한 병참 및 타격 거점으로 활용되고 있다. 핵전략 측면에서 보면, 주한미군은 중·러의 핵·미사일 기지를 겨냥한 미 전략무기 운용체제의 일부이다.

주한미군의 다층적 역할에도 불구하고 한미 두 나라는 북한 방어용이라는 점만을 유독 강조하고 있다. 이는 미국은 자국 이익에 큰 도움이 되지만 한국의 경우는 주권국가로서의 국격과 무관치 않다는 비판을 자초한다. 주한미군은 한국전쟁을 거치면서 북한의 남침 저지용이라는 인식이 광범위하게 자리 잡은 측면이 있다. 하지만 이는 국가보안법이 주한미군을 비판하거나 철수를 주장하는 것은 북한의 주장에 동조하는 이적행위로 처벌한 결과이기도 하다.

오늘날 주한미군의 중·러 견제 역할이 강화되면서 미국의 필요에 의해, 한국의 의사와는 관계없이 핵 강대국들의 무력충돌로 인한 피해가 한국에서 발생할 가능성에 대한 대비가 필요하다. 그러나 현실은 과거와 큰 차이가 없다. 한국 정부는 한미동맹의 문제점에 대해 침묵하면서 국민의 알 권리를 무시하고 있고 미국의 일방적 주장에 끌려다니는 형국이 지속되고 있을 뿐이다.

주한미군 냉전기 전후 중·러 등 타격 전략부대 역할

주한미군은 국제정세 변화 속에서 그 역할과 위상이 지속적으로 변화해 왔다. 이는 냉전과 탈냉전, 한반도 안보와 미국의 세계 전략, 중국과 소련, 러시아 등 역내 강대국들과의 대치라는 복합적인 요인이 작용한 결과다. 오늘날 주한미군의 역할은 한반도 방어에 국한되지 않고, 미국의 아시아-태평양(현 인도-태평양) 전략의 핵심 축으로 자리매김하면서 나날이 그 중요성이 비대해지고 있다.

주한미군은 한국전쟁 이후 한반도에 주둔하며 표면적으로는 북한의 침공을 억제하고 한국을 방어하는 목적을 수행한다고 일컬어져 왔다. 그러나 그 실질적 기능은 한반도 방어에 머물지 않고, 미국의 세계 전략, 특히 인도-태평양 안보 구조 및 본토 방어 전략의 핵심 전초기지로 발전해 왔다. 이러한 다층적 역할은 냉전기부터 현재에 이르기까지 변화해 왔으며, 그 전략적 성격은 전술적 방어에서 글로벌 전략기지로 격상돼 왔다. 연대순으로 주한미군의 위상 변화를 살피면 아래와 같다.

1945년 해방과 함께 한반도에 점령군으로 진군한 미군은 군정을 통해 미국의 소련 영향력 확대를 저지하는 전략 기지로, 남한 단독정부를 수립하는 추동력 역할을 했다. 1949년 미국이 남한을 방어선에서 제외한 애치슨라인을 선포한 것도 미 국익을 위한 결정이었고 1950년 한국 전쟁 발발 후 유엔에서 유엔 기치를 사용하는 조건으로 다국적군을 만들어 참전한 것도 미 국익을 위한 조치였다. 미군은 한반도에서 북한군 및 중공군과의 전면전을 벌인 것도 일본의 공산화를 막는 것이 미 국익과 직결된다는 미 정부 판단의 결과였다.

미국은 한국전 기간 동안 진행된 샌프란시스코 강화조약에서 일본의 전후 배상 부담을 덜어주기 위해 조약 논의 과정부터 한국을 원천 배제하고 일제 강점기간 동안 일본이 한국의 근대화에 기여했으며 일제가 남기고 간 재산이 배상 추정액의 몇 배가 된다는 식의 가짜 뉴스를 퍼뜨렸다. 미국은 일본이 태평양전쟁 이후 발생한 피해만을 개별국가와 협상을 통해 해결하도록 하는 파격적인 배상 조건을 성사시켜주면서 한국을 골탕 먹인 것도 일본을 통한 미 국익 추구라는 목적 때문이었다. 얼마 전 윤석열 정권하에서 '일제 치하에서 선조들은 모두 일본인이었다'는 식으로 날뛰던 뉴라이트 망발의 원조는 미국인 것이다.

휴전 이후 냉전이 본격화되면서 1953년 체결된 한미상호방위조약은 주한미군이 한국의 군사적 주권 상당 부분을 대행하는 법적 기반이 되었다. 이 시기 주한미군은 단순한 한반도 방어 전력을 넘어, 소련과 중국을 포함한 공산권에 맞서는 미국의 동북아시아 최전선 전략 기지였다.

1958년부터 1991년까지 주한미군은 전술핵무기를 한반도에 배치하고, 오산과 군산 기지 등을 통해 중국(북경)과 소련(블라디보스토크)을 전략폭격기와 핵폭탄 탑재 가능 항공기로 타격하는 미국의 전략 통합작전계획(SIOP)을 실행할 준비 태세를 24시간 유지했다. 1960년 12월에 승인된 SIOP는 2003년까지 유지되면서 북한뿐만 아니라 소련과 중국의 주요 군사 및 산업 시설을 타격 목표에 포함시켰다. 그에 따라 오산 및 군산 공군기지 등 주한미군은 핵무기 보관 및 전진 발진기지 역할을 하였으며, 중국과 소련의 전략 도시 타격 임무를 맡았다.

  냉전 해체 분위기가 고조되던 1991년 조지 H. W. 부시 대통령의 전 세계 전술 핵무기 철수 선언에 따라 주한미군에 배치되었던 핵무기가 모두 철수되었다. 그 이후에도 주한미군의 전략적 역할은 계속 유지됐다.

  미국은 냉전 종식 이후 전략적 유연성 필요성이 대두되자 2003년부터 SIOP를 대체한 핵전략 계획 OPLAN을 만들어 8044, 8010 등으로 수정하면서 오늘날까지 유지하고 있다. 미국은 OPLAN의 대상에 중국, 러시아 외에 북한, 이란 등을 포함시켜 국가별 위협 성격에 따라 맞춤형 형식의 핵 대응을 하면서 사이버·우주 영역과의 연계를 강화하고 있다. 이 계획에 따라 필요시 동원하는 전략자산은 B-21, SLBM, 핵잠수함, 저위력 핵무기 등이 포함된다.

  현재 오산과 군산 미군기지는 중국, 러시아 주요 도시나 군사기지를 가장 단시간 내에 타격해 전략적 목표를 달성할 수 있는 최전선의 부대로 평가되고 있다. 그에 따라 주한미군은 전술핵 대신 B-2, B-52, F-22 등의 전략무기를 순환 배치하거나, 괌 등에서 한반도를 경유해 출격하는 방식을 채택했다. 이와 동시에 ISR(정보감시정찰), 전자전, 우주감시 작전 등 다양한 기능을 수행하며 중·러 견제를 위한 전략적 요충지 역할을 강화해왔다.

미국은 대북 전략도 OPLAN 5029(급변사태 시 개입), OPLAN 5015(북한의 핵·미사일 시설에 대한 선제타격 및 참수작전) 등으로 구체화시켜 중국과 러시아에 대한 전략적 견제를 강화하고 있다.

2001년 9.11 테러 이후 미국의 대테러 전쟁과 전 세계적인 미군 재편 계획이 추진되면서 주한미군의 역할도 새로운 국면을 맞았다. 2006년 한미 양국은 '전략적 유연성'에 합의했는데, 이는 주한미군이 한반도 방어라는 고유 임무 외에 미국의 전략적 필요에 따라 역내 또는 전 세계 다른 분쟁 지역으로 재배치될 수 있음을 공식화한 것이다.

이는 주한미군이 단순히 한반도에 고정된 방어 병력이 아닌, 미국의 글로벌 안보 전략에 따라 유연하게 운용될 수 있는 '전략 자산'으로서의 위상을 갖게 되었음을 의미한다. 동시에 용산 기지의 평택 이전 등 대규모 기지 재편이 이루어지며 주한미군의 작전 효율성 및 현대화가 추진되었다.

2023년 북한의 핵무기 실전배치와 ICBM 및 고체연료화 이후 미 본토 타격 가능성이 제기된 뒤 미국의 대북 군사전략은 최고 수준으로 격상되어 전략무기 중심으로 대응하기 시작했다. 그에 따라 핵·장거리 미사일 탑재 가능한 B-52, B-1B, B-2 전략폭격기, SLBM 20기 이상 장착 가능한 오하이오급 SSBN(핵잠수함), 항공모함 등을 동원해 북한을 압박하고 있다.

주한미군, 분단 유지 위해 남북한 관리

미국은 북한만이 아니라 중·러를 견제하기 위해 주한미군을 주축으로 한 한미동맹 체제를 통해 한반도에서 관리 가능한 분단 구조를 유지하는 조치를 취해 왔다. 미국은 남한에서의 군사적 기득권을 유지하기 위해 조약, 협정 등과 같은 수많은 장치를 통해 물샐 틈 없이 남한을 관리하고 있는 형국이다. 미국은 남한에 대해 한미동맹을 앞세워 남북한 교류협력도 통제하거나 종전선언도 하지 못하게 막고 있다.

또한 북한에 대해서는 미 대통령 결정으로 선제 타격할 가능성을 24시간 열어놓은 상태에서 한미연합훈련 등을 통해 군사적으로 압박하고 있다. 미국이 남북한에 대해 엄청난 통제력을 발휘해 관리하는 것은 분단체제가 유지되면서 주한미군의 계속 주둔 여건을 유지, 강화하기 위한 목적인 것이다.

새 정부가 전시작전권 환수를 목표로 내걸었는데 미국은 이에 대해 한국군이 유엔사 소속으로 가입하는 방안을 추진하는 식으로 대처하고 있다. 전작권을 내놓지 않으려 하는 것은 주한미군이 러·중을 상대로 전개 중인 군사적 견제, 압박을 지속하겠다는 의도이다. 미국은 설령 전작권의 한국군 이양이 이뤄진다 해도 한미상호방위조약 4조로 보장된 권리(right) 행사를 통해 기존의 군사적 기득권을 계속 행사하려 할 것으로 보인다. 이 4조는 미군의 한반도 군사력 통제의 핵심축이 되고 있어 이의 폐기나 정상화 조치가 시급하다. 세계 어느 군사동맹도 한국처럼 자국의 영토, 영공 등의 군사적 통제권을 외국군에게 넘겨준 사례는 찾아볼 수 없다.

주한미군의 최근 역할과 중·러 대응

최근 미국은 주한미군의 역할이 인도-태평양 전략의 핵심 축 역할을 해야 한다는 점을 강조하면서 중국과 대만 무력 충돌 시 주한미군의 참전 가능성을 공개적으로 언급하고 있다. 미국은 중국의 급속한 군사력 증강과 역내 영향력 확대, 중국과 러시아, 북한의 군사적 협력체제 강화에 대응할 방어력으로 주한미군을 활용하겠다면서 한국의 동참을 압박하고 있다.

오늘날 미국이 부여하고 있는 주한미군의 전략적 역할을 보면, 미국 본토 방어 및 동북아 전략 수행과 함께 중국과 러시아 견제를 위한 전진기지라는 비중이 북한 방어용의 그것을 크게 상회한다 할 것이다. 미국 국방전략문서(NDS), 인도-태평양 전략 보고서, 의회 청문회 자료 등에서도 현 한미동맹을 유지하는 조건하에서의 주한미군의 주요 역할이 중국, 러시아 견제와 전략무기 전개 기반이라는 점을 강조하고 하고 있다. 주한미군은 '한국방어군'이라는 범위를 훨씬 넘어선 중·러를 겨냥한 전략전쟁의 최전선이자, 미국 본토 안보와 군사패권을 유지하는 데 필요한 핵심 전략 자산인 것이다.

중국과 러시아는 주한미군을 단순한 지역 방어군이 아니라, 미국의 동북아 패권전략 수행의 핵심 인프라로 간주하며 다층적 대응을 해온 것으로 알려졌다. 중국은 동북3성 지역에 미사일 및 스텔스 전력을 집중 배치하고, 경북 성주에 고고도 미사일 방어체계, 사드(THAAD) 배치 당시에 강행한 "3불 1한" 정책을 언제든 발동할 것이라고 공언하고 있다. 러시아 역시 블라디보스토크 등 극동지역에 이스칸데르-M 미사일과 S-400 방공체계를 배치하며 대응하고 있으며, 중·러는 주한미군을 미사일방어(MD) 체계의 핵심 거점으로 간주해 공동으로 견제하고 있다.

이러한 구조 속에서 중·러는 전면전 발생 시 주한미군 기지를 단시간 내에 무력화시킬 태세를 갖추고 있는 것으로 알려졌다. 중국의 DF-15, DF-21, DF-17, 러시아의 칼리브르, 킨잘 등의 극초음속 미사일과 순항미사일은 오산, 군산, 평택 등 주요 기지의 활주로, 지휘센터, 연료저장소 등을 정밀 타격할 수 있으며, 방공망을 압도할 수 있는 포화공격 능력을 보유하고 있다.

한국의 경우 대부분의 미군 기지가 도심지와 밀착되어 있어, 단순한 재래식 공격만으로도 수백수천 명의 민간인 사망이 예상되며, 전술핵 사용 시 수만 명에 달할 수 있다는 우려가 제기되고 있다. 또한 전력망, 병원, 통신망 등의 사회기반시설 피해와 함께 대규모 피난 및 경제 혼란을 피할 수 없을 것으로 보인다.

방위비 논란? 발상 전환해야

트럼프 대통령은 집권 1기 시절 주한미군이 한국 방어에 절대적으로 기여한다면서 한국의 방위비 분담 증액을 요구한 적이 있고 2기 들어선 오늘날도 유사한 생각을 지닌 것으로 비춰진다. 이는 앞서 살핀 것과 같은 주한미군이 미국의 세계 핵전략의 일부분으로 작동해 왔고 지금도 그렇다는 것을 외면한 일방적인 주장에 불과하다. 한국 정부는 트럼프가 왜 그런 주장을 하는지, 그것이 타당한지 여부에 대해 극도로 말을 아끼는 저자세를 유지하고 있는 것도 문제다.

주한미군 주둔은 한국에게 안정적인 안보 환경을 제공하며 경제 성장의 토대가 되었다는 일각의 주장이 있지만 이는 1960년대의 국제사회의 원하청 구조, 한국의 우수한 저임금 노동력 등 관련 변수를 고려할 때 다각적인 점검이 필요한 가설 수준이라 할 것이다. 그러나 주한미군은 미국에게는 중국, 러시아가 포함된 역내 군사적 영향력 강화와 그로 인한 전략적 이익 확보 수단의 역할을 했다는 것은 명백하다. 따라서 트럼프가 요구하는 식의 일방적인 '대가 지불' 주장은 설득력이 없다.

한미 두 정부는 이번 기회에 방위비 분담 문제는 진지하게 검토해야 할 것이다. 주한미군이 한반도 방어를 넘어 미국의 동북아시아 및 인도-태평양 전략, 즉 중국과 러시아를 견제하고 미국의 세계적 국익을 보호하는 데 더 큰 역할을 하는 것으로 확인된다. 이의 연장선상에서 본다면 미국이 주한미군 방위비를 전액 부담하거나 한국에 '대가'를 지불해야 한다는 논리가 설득력을 얻는다.

주한미군이 미국 정부의 '글로벌 전략적 유연성'에 따라 운용되고 있다는 점에서 그러하다. 동북아를 포함한 세계 속에서의 주한미군의 역할을 확인할 경우 그 방위비는 미국이 전액 부담하고,

나아가 전략기지 사용에 대한 대가를 한국에 지불하는 것이 국제 정치경제적으로 타당하다 할 것이다.

방위비 문제와 함께 살펴야 할 또 다른 문제는 군사적 예속상태 속에서 미국의 전략적 이익이 보장되는 한미동맹의 실체다. 방위비 문제에 코를 박는 식의 논리 구조를 탈피해 미국이 슈퍼 갑의 위치에서 막대한 국익을 챙기고 있는 구도를 면밀하게 점검할 필요성이 커지고 있다는 점이다. 미국이 주한미군을 통해 중국, 러시아를 견제하고 공격 가능성을 확보하고 있는 것은 한국에 재앙에 가까운 피해를 입게 할 개연성이 상존하기 때문이다.

한미동맹과 관련해 주목할 부분은 국내의 검은 머리 미국인과 같은 부류다. 트럼프 2기 들어 주한미군 감축설이 나돌자, 국내 언론, 정치권은 무서운 일이 벌어지고 있다는 식의 호들갑을 떨면서 주한미군 현상 유지가 최선이라는 것처럼 떠들어댄다. 이승만이 정전협정을 반대하면서 한미상호방위조약을 애걸했던 모습과 흡사하다.

정전협정 체결 당시 한국군은 60만 명에 육박했지만, 이승만은 미군이 떠나면 한국은 중국, 북한에 의해 궤멸될 것이라며 미 대통령에게 친서를 보내다가 반공포로를 무단 석방하며 저항하기도 했다. 당시 이승만은 한반도 유사시 미군의 자동개입을 보장하는 조항을 한미상호방위조약에 넣으려 했지만, 미국이 자국 법체계에 따른다고 고집하며 거부하자 미 군사력의 한국 배치를 미국의 권리(right)로 인정하는 해괴한 짓을 저질렀다. 을사늑약, 경술국치에 이어 이승만은 국가 주권을 외세에 넘겨준 것이다.

미국의 주한미군 조정, 한국 더 큰 위험에 직면할 수도

오늘날 미국이 추진하는 듯한 주한미군 조정은, 현대 전쟁이 우크라·이스라엘 전쟁에서 보듯 드론과 미사일로 결판이 나는 구조를 주목한 것으로 미국의 이익을 관철하기 위한 포석의 하나라 할 것이다. 미국은 주한미군을 미사일방어전이나 우주전에 대비하는 쪽으로 강화하면서 지상병력을 조정하는 것으로 알려졌다. 그렇게 될 경우 중국과 러시아가 주한미군에 대해 더욱 긴장하고 군사적 대응을 강화할 것으로 추정된다.

미국은 자국 군사력을 배치하는 권리를 한국에서 행사하는 것이, 사전 동의가 원칙인 일본보다 훨씬 합리적이라고 판단했을 가능성이 크다. 중·러에 더 치명적인 군사력이 주한미군에 배치된다면 그것은 한국 민이 더 큰 위험에 봉착할 수 있다는 것으로 해석할 부분이다. 미국이 자국 이기주의에 의해 한국에서의 기득권을 십분 활용하고 그 결과 강대국들의 군사적 충돌이 발생할 경우 한국은 전혀 원치 않거나 적극 배제해야 할 피해를 입을 수 있다는 점을 경계해야 한다.

외세의 충돌로 빚어질 미래의 비극 등에 대해 한국 정부가 더 이상 침묵해서는 안 된다. 국민에게 정확하게 사실관계를 설명하고 국민적 동의를 구하는 절차를 밟아야 할 것이다. 지난 수십 년 간 역대 정부는 국민들에게 한미동맹의 예속성에 대해 철저한 비밀주의를 지켜왔다. 한국은 군사적 주권을 외국군이 갖고 있는 세계 유일의 국가라는 점, 그로 인한 갖가지 문제가 발생하고 있다는 점 등은 정부 공식 문건에 등장한 적이 없고 어느 교과서에도 실리지 않았다.

　강대국의 의사에 따라 생사가 갈리는 위험천만한 무력 대치 상황이라는 현실은 국가공무원 시험에도 나온 적이 없어 외교, 국방 고위관리는 물론 여의도 국회의원들도 그 사실에 무지하다. 그 결과 국민들이 어느 날 갑자기 강대국 간의 전쟁으로 피해를 입을 수 있는데도 그 진실을 알지 못하고 있다. 한미 두 나라는 공식적으로 주한미군에 대한 실체적 진실을 감추고 북한의 도발에 대한 대응력이라는 점만 강조해 왔다. 이런 비정상은 이제 새 정부가 들어선 이상 방치되어서는 안 된다.

　발상의 대전환이 필요하다. 한미동맹만은 생존에 유일무이한 것이며 신성불가침이라는 식의 환상에서 탈피해야 한다. 한국이 경제력과 군사력이 선진국 대열에 올라섰다면 그에 걸맞은 국격과 자주권을 행사해야 한다. 그것은 정치권의 국민에 대한 사활적 책무다. K-팝, 한류 등으로 세계의 박수갈채를 받는 젊은 세대, 후손들에게 불행한 외세 지배적 미래를 물려주어서는 안 된다.

　한국이 독자적인 군사적 자주권을 확보하고 있다면 어떤 측면에서 미국과 중러의 충돌을 제어할 지렛대 역할을 할 수도 있을 것이다. 지금처럼 한국이 미국의 뜻대로 휘둘리는 상황이 지속되는 것은 미국에게도 이롭지 않다. 향후 전면전은 상호공멸을 넘어 지구촌의 종말을 의미하기 때문이다. 미국이 중·러를 상대로 한 세계전략의 전초기지로 한국을 이용하는 것은 더 이상 지속되어서는 안 된다.

미국 법체계는 미 국익 추구가 최상의 목표

남북평화통일이 동북아의 평화와 안정의 뿌리를 내리게 할 필요조건의 하나라는 점은 명백하다. 미국이 2018~2019년 자국 이익 관철을 위해 남북정상회담 합의 이행을 저지한 것과 같은 불행한 사례가 되풀이 되어서는 안 된다. 그때 남북 간 합의 사항이 전면 이행되었다면 오늘날과 같이 핵전쟁 위험이 높아지는 상황으로 악화되지 않았을 것이다.

현재와 같은 한미동맹은 남북 평화통일을 저지하는 심각한 걸림돌의 하나라고 보아야 한다. 미국은 주한미군을 수단으로 중·러를 군사적으로 견제하는 전략적 우위를 지속하기 위해 한반도 분단 지속을 필요로 하기 때문이다. 이를 위해 미국은 주한미군이 특권적 지위를 누리면서 미국 세계 전략을 수행하는 것과 함께 한국의 군사적 주권을 대행하는 장치를 겹겹이 만들어 놓고 있다.

즉 한국군의 전시작전권을 미국이 행사하게 되어 있고 주한미군사령관은 한미연합사, 유엔사 사령관을 겸직하고 있다. 장성 한 사람이 3개 군사 시스템을 장악하고 있다는 것은 동서고금의 해외 파병사에서 그 유례가 없는 기이한 형태의 것이다.

미국은 한국전쟁 참전이나 주한미군 주둔이 한국을 위해서, 한국에 시혜를 베풀기 위해서라는 식의 논리를 펴고 있고 한국 정부와 사회가 이를 합창하고 있으나 이는 미국의 법체계를 볼 때 타당치 않다.

미국은 국익을 최우선으로 하는 외교안보관련 법과 제도를 만들어서 시행하고 있으며 주한미군도 그 범주에 들어 있다. 미국은 해외파병의 경우 정의, 평화 등보다 미 국익을 최우선하고 있으며 미 대통령의 판단에 의해 미 국익에 어긋날 경우 해외파병을 즉각 취소하게 되어 있다.

미국의 한반도 정책은 1905년 카쓰라 테프트 밀약을 통한 한반도의 일본 강탈에 공범자 역할을 뒤 최근까지 철저하게 미 국익 증진을 위한 목표로 일관하고 있다. 미국은 일본의 한반도 강탈 과정의 공모자답게 조선인의 독립운동은 철저히 외면했다. 3.1독립운동에는 정부 명의의 비판 성명을 발표하기도 했다. 미국은 일본이 항복한 뒤 일본을 동북아에서 소련의 남하를 저지할 교두보로 만들기 위해 전쟁범죄 처벌을 극소화하면서 일제국주의 세력을 미군정 권력기구에 복귀시켰다. 미국은 조선에서도 동일한 형식을 적용한 군정을 실시했다.

미국은 일본을 보호하기 위해 남한에 친미정권을 세우고자 했고 그 이후 미 국익에 반하는 경우 무력으로 진압했다. 대표적인 것이 제주 4.3광주항쟁이었다. 미국은 남한 단독정부 수립에 반대한 1948년의 제주 4.3항쟁과 관련해 제주도민 1/10이 살해되게 만들었다. 미 국익을 위한 미국의 비이성적 행태는 1980년 5월 광주에서 또 발생했다. 당시 카터 대통령은 광주 미 공군기지의 핵무기 안전이 위협받는다면서 신군부에게 광주 시민 항쟁을 무력으로 진압도록 결정했다.

주한미군은 치외법권적 위치에서 미 국익에 봉사하는 한미동맹 확대강화를 외치고 있는데 향후 주한미군의 위상 변경 요구와 같은 급변사태 발생 시 미국은 자국 이익 보호를 이유로 과거 제주,

광주에서 저지른 유사한 행태의 만행을 반복할 가능성을 배제할 수 없다.

한미동맹 문제 해결, 한미상호방위조약 정상화부터 시작해야

현재의 한미동맹 내용이 미래의 불행을 잉태하고 있다는 점을 경계해야 할 때인데 미국이 슈퍼 갑인 이 동맹이 존재하는 것은 한국 정부가 동의해 준 결과라는 점도 지적되어야 한다. 주한미군의 전략적 유연성 지위 확보나 한국군 전작권 전환 조건이 비현실적으로 만들어진 것도 한국 정부가 그렇게 합의해 준 결과라 하겠다.

이런 점을 살필 때 불평등한 한미동맹의 정상화는 반드시 국제법의 원칙 아래에서 추구되어야 한다. 국가 간 조약, 협정으로 맺어진 관계설정은 국제법적 통제를 벗어나기 힘들기 때문이다. 1910년 병술국치가 그런 사례의 하나다.

일본이 종전 후 전후배상문제, 최근에도 해결되지 않은 강제징용, 성노예 문제 등에 대해 철면피한 태도를 굽히지 않는 이유가 무엇인지 살펴야 한다. 후손들에게 군사적 주권 등과 관련해 불행한 미래를 넘겨주지 않기 위해 한미동맹의 정상화가 시급하다. 그것은 한미상호방위조약 6조를 발동해 미국에게 조약 폐기를 통고하고 그 이후 주한미군의 치외법권적 지위 박탈 등을 합법적으로 설계해야 하는 수순을 밟아야 할 것이다.

* 참고 문헌

고승우. 2021. 한미동맹과 한미상호방위조약, 지식공작소.
고승우. 2024. 150여 년의 한미관계사와 주권국가로 가는 길. 도서출판 우리겨레.
고승우. 2024. 불평등한 한미동맹 침묵하는 한국 여야 정치권. 현장과 광장 11호. 170~233. 도서출판 현장과 광장.

조직화된 촛불국민의 직접 행동이 조국통일을 실현할 것이다

권오혁 촛불행동 공동대표

위대한 촛불항쟁

친일 잔재를 청산하고 나라의 완전한 자주독립, 통일을 이루는 것은 우리 국민들의 절절한 염원이자 최우선의 역사적 과제이며 목표입니다. 그것은 대한민국에 발생하는 모든 부패와 비리, 차별과 억압, 전쟁위기의 근원이 친일과 분단에서 비롯되었기 때문입니다. 이 문제는 친일친미 적폐세력들과 외세까지 얽혀있어 복잡하고 강고합니다.

그러나 해방 이후 우리 국민들은 이 목표를 완수하기 위해 끊임없이 투쟁을 이어왔고 위대한 승리를 이루어가고 있습니다. 외세와 적폐세력들은 자신의 명줄을 지키기 위해 무자비한 탄압으로 일관해왔지만 우리 국민들의 위력한 투쟁에 의해 후퇴를 거듭하고 있습니다.

2016-2017년, 우리 국민들은 촛불항쟁을 통해 박근혜 정권을 몰아내고 평화적인 정권 교체를 이루어냈습니다. 정권 교체 이후 남북관계도 급속도로 발전했습니다. 3차례의 정상회담에 이어 분단 최초로 9.19 남북군사분야 합의서까지 채택하여 남북관계의

군사적 해법까지 마련하게 되었습니다. 그러나 분단구조에 사활을 건 외세와 분단적폐세력들의 집요한 공격과 방해로 남북관계는 차단되고 정권마저 분단적폐세력들에게 넘어갔습니다.

분단적폐세력들의 총력 지원을 받은 윤석열이 정권을 찬탈하자 가장 먼저 취한 조치가 9.19군사합의 파괴와 한미일 군사동맹 체제의 대문을 여는 것이었습니다. 오로지 미국과 일본의 이익만을 위해 남북관계를 파탄내고 한미일 전쟁체제에 총력을 다해 온 윤석열 정권의 대북정책과 대외정책은 우리 국민들의 격렬한 저항에 부딪혔습니다.

집권 초부터 시작된 윤석열 퇴진 촛불대행진으로 윤석열 정권에 대한 투쟁의 포문을 연 우리 국민들은 탄핵국회 건설 투쟁과 탄핵 청원 운동 등을 통해 윤석열 정권을 압박해 들어갔습니다. 김건희와 윤석열의 온갖 불법과 비리가 터져 나오고 탄핵여론이 급격히 높아지자, 윤석열은 북한에 대한 군사 도발로 전쟁을 획책했습니다. 전쟁을 명분으로 계엄을 선포하려던 윤석열은 이것마저 여의치 않자 마침내 12월 3일 불법비상계엄을 선포한 것입니다.

우리 국민들은 전쟁을 도발하고 계엄을 선포한 윤석열을 끌어 내렸습니다. 군인들의 총칼을 맨손으로 제압하고 국힘당과 극우세력들, 미국의 방해와 난동을 뚫고 윤석열을 파면시킨 위대한 주권자 국민의 승리였습니다.

국민주권시대

박근혜 탄핵 촛불, 검찰개혁 촛불, 윤석열 탄핵 촛불을 거치면서 국민들의 주권의식이 급격하게 높아졌습니다.

촛불운동은 이제 사회개혁뿐 아니라 나라의 자주권을 수호하는 운동으로 발전하였습니다. 최근 촛불집회에서 미국의 통상 압력, 주둔비 인상 압력을 규탄하고 주둔비를 받아내자는 구호가 울려 퍼지는 것이 그것을 입증합니다. 이제 머지않아 촛불운동이 조국통일 운동으로 더욱 발전해갈 것입니다.

국민주권시대는 나라의 주인이 국민이며 국민이 직접 주인의 역할을 하는 시대입니다. 국민주권시대는 국민주권 의식으로 무장한 국민들의 조직적인 운동으로 발전하는 시대입니다.

윤석열 정권이 탄생한 지난 2022년부터 촛불대행진을 시작한 촛불국민들은 윤석열 파면과 정권 교체 이후 내란청산과 국민주권실현을 위한 촛불대행진을 줄기차게 이어가고 있습니다.

촛불국민들이 펼치고 있는 내란청산 운동이 분단적폐 청산운동이며 국민주권실현 운동이 곧 민족자주와 평화통일 운동입니다. 조직화된 촛불국민들의 촛불운동이 조국통일 운동의 강력한 역량이 될 것입니다.

촛불국민들은 새정부의 최우선 과제 중 하나로 9.19남북군사분야합의 복원을 제기하고 있습니다. 적대적인 두 개의 국가로 규정된 현재의 남북관계를 다시 회복할 수 있는 돌파구가 여기에 있다고 보는 것입니다.

때마침 통일부 장관 후보자, 국방부 장관 후보자가 청문회에서 9.19합의 복원 의지를 밝혔습니다. 윤석열 탄핵을 완성하고 새정부를 출범시킨 촛불국민들이 9.19합의 복원도 이루어낼 것이라

확신합니다.

조직화된 촛불국민의 직접 행동이 조국통일을 실현할 것이다.

우리 국민들은 이제 스스로의 조직된 힘으로 모든 시대적 과제를 해결해나가고 있습니다. 누구에게도 의존하지 않고, 누구에게도 맡겨두지 않으며 오로지 스스로의 힘으로 국민주권을 실현해 나가고 있습니다. 이렇게 주권자로 우뚝 선 우리 촛불국민들이 민족의 자주권을 지키고, 평화와 통일을 완수하는 운동의 주역으로 맹활약할 것입니다.

우리는 국민주권시대, 위대한 주권자 국민을 하늘처럼 받들어 조국통일의 길을 열어나갈 것입니다.

〈보론〉 국민주권 실현을 위한 과제와 방법

국민주권실현은 사회대개혁을 포괄하는 개념입니다. 특히 국민주권을 확대하고 강화하기 위해 사회개혁뿐 아니라 국가주권을 수호하는 촛불운동으로 발전하고 있는 시대적 상황을 반영한 것입니다.

국민주권 실현을 위한 과제

사회대개혁에서 국민주권을 실현해야 합니다.

사회대개혁도 국민주권을 실현하기 위해, 국민주권을 실현하는 방향으로 진행되어야 합니다. 검찰개혁, 언론개혁, 사법개혁 등 전면적인 사회대개혁을 통해 국민주권을 실현해야 합니다.

대외관계에서 국민주권을 실현해야 합니다.
국가가 대외관계에서 자주권을 행사하지 못하면 국민의 주권도 제약됩니다. 국민주권을 실현하기 위해서는 반드시 대외관계에서 자주권을 행사하도록 해야 합니다.

정당과 단체들에서 국민주권을 실현해야 합니다.
민주주의 정당들에서 당원들이 당원 주권을 행사하는 것이 국민주권을 실현하는 것입니다.
민주주의 단체들에서도 회원의 주인성을 높여 결정권을 강화하도록 하는 것이 국민주권을 실현하는 것입니다.

국민주권 실현을 위한 방법

이 나라의 주인은 국민입니다. 주인인 국민이 자신의 권리를 획득하고 행사하기 위해서는 주권자로서 직접 나서야 합니다. 그 누구에게도 맡길 수 없습니다. 그래서 국민은 이러한 주인의식으로 무장하고 조직적으로 뭉쳐 싸워야 합니다. 그리고 국민주권을 실현하기 위해 끊임없이 실천해야 합니다. 그것이 국민주권을 실현하는 것입니다.

'대북정책' 말고, '통일정책' 수립하라
'오아시스 마을' 상상하기

김광수 (사)부산평화통일센터 하나 이사장

기억한다. 문재인 촛불정부는 '이게 나라냐'에 대한 국민적 저항이었고, 이재명 국민주권정부는 '윤의 친위쿠데타', 일명 '내란'에 대한 국민적 저항이었다. 주권자인 국민의 '위대한' 승리였다. 해서 두 정권의 성격은 매우 명확했지만, 앞선 문재인 정권은 실패했고, 지금의 이재명 정권은 이제 막 시작되었다. 성공하려면 어떻게 해야 할 것인가?

멀리 있지도 어렵지도 않다. 문재인 정권을 반면 교사하면 된다. '민주당만의 정권'이 아닌, 맹자의 군주민수(君舟民水)를 따르면 된다. 오늘 개최되는 〈2025 조국통일 만민공동회〉주제에 맞게 주권자의 자격으로 몇 마디 요구한다.

먼저, 통일의 국정철학과 기조를 다음과 같이 정립하시라

생명적 관점에서 조국은 하나여야 한다. 그러면 분단은 죽음이다. 어떻게 살릴 것인가? 방법은 단 하나. 분단 극복, 즉 통일만이 가능하다는 국정철학이 필요하다.

헌법 제66조 ③항도 이를 명확히 하고 있다. 대통령의 의무로

"대통령은 조국의 평화적 통일을 위한 성실한 의무를 진다." 연동했을 때 지금의 남북 관계는 그 여느 때보다 '성실한 의무'가 필요할 때다. 북과의 신뢰 관계가 최악이니 더더욱 그렇다.

결과, 관성적 욕망과 희망적 사고에 포획돼 많은 것을 할 수 있다는 자만심보다는 북의 호응과 기대에 상관없이, 더 정확하게는 북의 기대를 바라지 말고, 우리-남측이 할 수 있는 것부터 차근차근해 나가면서 신뢰부터 먼저 쌓겠다는 각오와 결심이 필요하다.

어렵지도 않다. (대북정책 말고, 통일정책 수립이 왜 우선인지는), 역지(易地)하면 왜 그러해야 하는지가 확실히 보인다. "당신들은 우리 국가의 반란세력들입니다!"라고 하면서 북에다 '대화와 교류', '남북 협력', '화해를 해 잘 지내자'라고 한다면 이것이 가능하다고 볼 수 있겠는가?

없다면 현재로서는 가능하지도 북의 호응도 없는 대북정책의 남발 대신, 통일의 초석을 놓을 수 있는 대국민 통일교육의 패러다임 전환이 필요하다. 완전히 새롭게 구축해야 한다. 다른 말로는 북이 호응해 오던 말던 우리-남측이 먼저 할 수 있는 것부터 차근차근 하나씩 풀어가는 것이 중요하고, 여기서 가장 중요한 기본은 우리 내국민을 대상으로 하는 북에 대한 인식과 태도, 즉 북 바로 알기를 통해 북에 대한 적대적 태도와 감정을 없애는 '북 적대하지 않기' 통일교육을 잘 해내어야 한다. 방도는 다음과 같다.

첫째, 통일부와 교육부, 민주평통이 서로 협력하여 반공교육이 아닌, 통일교육 체계를 구축하라. 민방위 교육, 학교 교육, 방과후 교육, 평생교육 등 모든 교육 프로그램에 북 바로 알기와 통일교육을 병행하고, 특히 학교 교육에는 이를 뒷받침하는 법정 통일교육을 강화해야 한다. 나아가서는 교육과 실천에서 오랜 기간 축적되어있는 통일 관련 시민사회와 연계하여 이들을 평화통일 교육의 플랫폼으로 활용하는 대대적인 발상의 대전환을 하라.

둘째, 6·25전쟁론이 아닌, 한국전쟁론을 정립하라. 6·25전쟁론이 북을 악마화하기 위한 '남침이냐, 북침이냐'의 프레임이라면 한국전쟁론은 '통일을 지향한 내전'이자 당시 상위 국제질서로 존재했던 '냉전체제를 우리 민족이 극복하지 못한 국제전'의 성격을 갖는 통일전쟁에 대한 이해에 바탕해서 그렇다.

셋째, 북을 왜곡하는 데 앞장서는, 즉 돌격대 역할을 하는 종편 방송 등에 대해서는 철저한 검증을 통해 무차별적으로 쏟아지는 왜곡된 북 보도 내용을 반드시 바로 잡아내어라.

다음으로는, (통일에 대한 국정철학과 기조를 그렇게 위와 같이 수립했다면) **다음과 같은 통일정책을 수립하라**

첫째, 북이 2023년 12월 조선로동당 중앙위 전원회의를 통해 결정한 '남북을 적대적 관계에 있는 두 개의 국가로 보며, 두 국가 간에 동족이라는 개념을 더 적용하지 않기'로 한 그 결정을 매우 엄중하게 인식해야 한다. 그러면 이제껏 민주당이 보관해 뒀던 이러저러한 대북정책을 꺼내 약간의 변형-이재명 정권의 욕망에 맞게 재탕·삼탕 하기보다는 이 지구상에서 근 80년 동안 가장 '적대적으로' 마주했던 우리 민족이 향후 그 관계를 어떻게 풀어나갈지에 대한 '근본적' 관점이 필요하다는 것이 보일 것이다.

다름 아닌, 북을 '있는 그대로' 인정하는 인식. 북에 대한 체제대결, (체제대결의 변형인) 적대적 평화공존 등 모든 적대정책을 포기해야 한다는 것. 그 연장선상에서 정책으로는 하나, 북에서는 도저히 수용할 수 없는, 즉 대한민국의 헌법에 있는 북의 영토조항과 북을 우리 영토의 일부-대한민국의 북쪽을 차지하고 있다는 의미에서의 반란세력(반국가단체)으로 보고 있는 국가보안법을 반드시 폐지시켜야 한다. 마침 개헌을 통해 '새로운' 7공화국을 연다고 하니 이때 이 조항-영토조항과 국가보안법을 폐지해야 한다. 둘, 전쟁과 충돌 가능성 그 자체를 원천 제거해야 한다. 현실적으로는 (북이 호응해 오던 말던) 조치를 이미 취한 확성기 방송 중단 및 대북 전단 살포 금지를 넘어 9·19 남북 군사합의 자체를 복원하고, 정전체제를 남·북·미가 함께 하는 평화협정을 맺어 평화체제로 전환해내어야 한다. 셋, 보통국가 미국과는 우호적 외교 관계를 유지하더라도 "제국"과 맺어진 미국과의 모든 관계는 없애나가겠다는 결기가 필요하다. 불평등한 한미동맹체제 해체, 한미-(일)합동 군사훈련 영구 중지, 군 작전권 회수 등을 이뤄내야 한다.

둘째, 북은 우리 민족 내부 문제인 남북 관계에 있어 지난 시기 남측의 모든 정권으로부터 분명한 각인효과를 갖고 있다. 남북이 합의한 모든 합의문이 미 "제국"에 의해 '종이짝'에 불과했던 사실. 특히 자당 출신의 문재인 정권 때의 실망이 얼마나 컸으면 남북 화해와 교류·협력의 상징이자 관문인 남북연락사무소를 폭파까지 했겠는가? 북은 분명 이러한 상황을 잊지 않고 있다. 결과, 미 "제국"의 어떠한 간섭과 압력에도 불구하고, 민족 내부의 문제인 우리 문제는, 우리 민족이 합의한 약속은 이유 불문 반드시 지켜내겠다는 강한 의지를 보여줘야 한다. 바로 그 바로미터(barometer)가 기존 합의한 모든 남북 간 합의서를 '조건 없이' 이행하고, 정권이 바뀌더라도 이의 불가역성을 담보해 줘야 한다. 국회 비준을 통해 입법화해야 한다.

셋째, '평화가 경제다!'라는 대선공약이 보여주듯 평화와 경제를 연결해야 한다. 중심에 지금도 전쟁 중임을 상징하는 DMZ 접경지역에 '평화와 통일의 오아시스' 마을을 만들어 이의 실행 의지를 구체화해야 한다. 근거도 명확하다. 첫째, 접경지역이 안전해야 최소한의 남북 간 평화가 올 수 있기 때문이다. 둘째, 이 공간이 과거로부터는 전쟁의 상처를 물려받고, 현재에는 적대의 공간이나 앞으로는 통일의 미래로 나아갈 수밖에 없는 입구일 수밖에 없다.

결과, 다음과 같은 정책들을 구체화할 수 있다. 하나, 가칭 '평화통일대학'과 같은 교육기관을 설립해 남과 북이 하나되는 연습을 시작하자. 둘, 평화생태공원을 조성해 민족자연보존의 원형을 제시하자. 셋, 평화와 경제의 선순환이 가능한 접경 경제학을 적용하자. 예하면 비무장지대의 동부권인 금강·설악은 원산 갈마를 잇는 관광지대로, 중부권은 환경·생태지역과 문화재 복원지대로, 서부권은 평화 교류지대로 만들어 단순한 교류·협력 방식이 아닌 '진짜' 민족경제의 가능성을 6·15공동선언 4항에 맞게 타진하는 것이다. 그래서 이 모두를 하나의 큰 틀, '통일과 평화의 오아시스' 마을로 규정하자.

[보충 설명] **"평화의 오아시스" 마을: 이스라엘 출신의 라예크 리제크라는 평화활동가에 의해 제안된 평화의 공동체.** 예루살렘과 텔아비브 중간에 존재하는 작은 공동체 마을인데 이곳에서 유대인과 이스라엘 국적의 팔레스타인 세대가 스스로 선택하여 함께 생활. 유대국가에서 팔레스타인으로 산다는 것은 공포와 불안의 삶이지만, 이를 넘어서고자 했기에 분쟁지역에서는 이상적인 모델로 제시되고 있음.

끝으로는, 이재명 정권은 급변하는 세계적 질서 변동과 한민족 건국 이래 최상의 높이에서 웅비(雄飛)하고 있는 우리 민족의 힘을 믿고, 자주의 새 시대를 개척해 나가라

알고 있다. 우리의 지정학적 운명은 해양과 대륙으로 진출하는 길목에 있음을. 해서 우리 겨레가 힘이 있을 때는 주변 나라들과 평화-선린 관계를 맺었지만, 힘이 없을 때는 침략과 약탈의 장이 되었다.

그럼, 지금은? 남(南)은 선진국 클럽인 OECD 가입, 군사력 세계 5위의 국방의 힘. 북(北)은 미 "제국"과 맞장 뜨는 자주 국가. 바로 그러할 때-힘이 그렇게 있는 지금, 우리 민족은 분명 절호의 기회를 맞이했다. 미 "제국"에 의해 만들어진 샌프란시스코 체제는 붕괴 직전, 동아시아 질서에 심각한 균열이 생겨나고 있다. '허브 앤 스포크(Hub & Spoke)' 체제의 관점에서도 허브인 미 "제국"에 스포크인 대한민국의 영향력이 절대적으로 확대될 수 있는 절호의 기회이다.

먼저, 외교적으로는 이재명 정권이 멸망해 가는 명에 사대의 예를 다한 '실패한' 인조의 길보다는 '성공한' 광해군의 길이 가능해

졌고, 현대판 재조지은(再造之恩)인 숭미지은(崇美之恩)에서 벗어날 수 있는 길이 열렸다. 다음, 민족적으로는 이재명 정권이 외세와 손잡은 '신라'의 방식이 아닌 '자주'로 비상하고 있는 우리 민족, 북과 손잡고 '고구려' 방식으로의 '통일'로 나아갈 수 있는 기회가 왔다.

속담으로 그 의미를 전달한다. '말이 씨가 된다'는 말이 있듯 연동하면 '사대'를 지우면 '자주'가 되고, '통일을 지우면 통일은 사라지고, 통일을 외치면 통일은 이뤄질 수 있다'이다. 누구보다 대통령께서 '자주'와 '통일'을 많이 얘기해 주어야 할 분명한 이유이다.

그런 대통령을 기대하고, 기대한다.

2024~2025 미·일의 아·태 군비 태세 강화 속 대북 모략극 또는 '주변 사태'[1] 조작을 우려함

강진욱 전 연합뉴스 기자

1 총론

- 미 국방부는 현재 전 세계에 배치된 미군의 태세를 점검하며 새 국방전략(NDS) 8월 중 발표 예정. 대만 해협 등에서의 미·중 충돌을 상정해 주한미군의 역할을 확대하는 방안 고려, 주한미군의 전략적 유연성과 일부 철수 또는 재배치 검토 중.
- 올해(2025) 미군 재배치 및 전략적 유연성 논의는 2015년 미·일 안전보장법 개정 이후 10년 만이라는 점에서, '특별한 동기' 부여가 필요한 상황임을 주시해야 함.

---

1) '주변사태'는 일본이 1999년 제정한 '주변사태법'의 근거가 되는 사태를 뜻함. 일본은 1997년 제정한 '미일방위협력지침(일명 가이드라인)'에 근거해, 2년 뒤(1999년), 한반도나 대만해협의 전쟁 또는 주변 국가의 정치체제 급변 등으로 난민이 일본에 유입될 경우 일본 정부가 어떻게 대처할 것인지를 규정한 이 법을 제정했다. 그러나 2010년 11월 23일 조선이 한국의 연평도를 포격했을 때는 "주변사태법의 적용 대상이 아니다"라며, 나름 신중하게 대응했다. 이후, 이 법이 일본 자위대의 활동 범위를 제약한다는 주장에 따라 폐지론이 제기됐지만 현재까지 유지되고 있으며, 특히 2012년 아베 신조가 총리가 된 뒤 미·일 유착이 날로 심화돼 현 일본 정부와 군부는 매우 공격적인 태도로 '주변사태'에 대응하겠다는 자세를 보이고 있다.

▶ 이 '특별한 동기'는 과거 미국이 일본과 공모해 아시아태평양(동북아) 전략을 재구축할 때마다 필요했고, 그때마다 한반도 이남 즉 한국에서는 해괴망측한 대북 사건이 조작돼 남측의 대북 적대감을 고조시키는 일이 반복돼 왔다. 1996년에는 대만해협에 미국 항모가 급파돼 대중 적의를 조장하는 일이 있었다.

이런 '역사적 사실'에 비춰볼 때, 최근 몇 년간 미국과 일본이 아시아태평양 전략을 인도-태평양 전략으로 확대 개편하고, 주한미군과 주일미군의 '유연성'을 강조하면서, 동시에 한국군까지 저들 멋대로 아무 곳에나 끌고 다니려는 속셈이 노골화하는 현실은 매우 우려할 만함

▶ 미·일(·한)이 공모해 해괴한 대북 사건을 조작하거나 대만해협 등지에서의 유사(有事) 사태를 조장할 개연성!

· 윤석열 일당의 2024. 12. 3 계엄 난동이 한반도 내 대북 적의를 조장하면서 한·미·일 3국 간 대북 공조 태세를 보강하기 위한 '유사' 조작이었을 개연성을 배제할 수 없음!

· 윤석열 정권과는 이념적 지향이 (조금) 다른 이재명 정부가 출범해 대북 화해를 모색하면서, 한국이 미·일·한 3국 간 대북 적대전선체에서 벗어나 독자적 길을 모색할 수도 있다는 기대가 일고 있음.

▶ 이는 미·일 및 국내 친미친일 적폐 진영의 입장에서는, 한국을 미·일·한 공동전선체에 묶어 두기 위한(주한·주일미군과 한국군을 일체화하기 위한) '특별한 동기 부여'가 필요한 상황. 따라서 위 우려가 현실화될 개연성이 높다고 봄.

조 바이든 미국 대통령(왼쪽)과 기시다 후미오 일본 총리가 2024. 4. 10 백악관 이스트룸에서 열린 국빈 만찬에서 건배하고 있다. (워싱턴/로이터 연합뉴스)

❷ 2024~2025 미·일 군부의 움직임

미·일의 한국(군) 옭아매기에 대한 경각심 필요

- 주한미군 전략적 유연성
- 주한미군 재배치
- 한미동맹의 미래형 전환
- 한미상호방위조약을 인도-태평양전략으로 확대 적용(개편)

2024. 4. 10

일본 정부, '자위대 통합사령부' 설치 결정

2024. 4. 12 〈한겨레신문〉

'미국이 야금야금 풀어준 일본 재무장…미-일 동맹 72년사' (김소연 기자)

바이든 대통령과 기시다 총리는 2024년 4월 10일 미국 워싱턴 백악관에서 1

시간 반 동안 만나 무기 공동 개발·생산, 미군과 자위대의 지휘체제 개선에 합의하는 등 **양국의 군사적 협력을 강화하기 위한 획기적인 진전**을 이뤘다. 이를 두고 1960년 미-일 안보조약 개정 이후 최고 수준의 동맹 업그레이드라는 평가가 나온다.

72년의 역사를 가진 미-일 동맹은 국제정세와 미·일의 정치적 상황에 따라 큰 변화를 겪으며 밀착해 왔다. 전후 가장 큰 변화는 1960년 체결한 미-일 안보조약이다. 1951년 샌프란시스코 강화조약의 발효와 함께 두 나라가 맺었던 안보조약을 개정하는 형태로 이뤄진 새 안보조약은 일본이 침략을 당할 경우 "양국이 공동으로 대처한다"는 큰 원칙을 정하는 등 미국의 일본 방위 의무를 명시했다.

1970년대 미국과 소련을 중심으로 냉전이 격화되면서 다시 변화를 맞이 … 1978년 11월 미·일은 미군-자위대의 협력과 역할 분담 등을 구체적으로 규정한 미-일 방위협력지침(가이드라인)을 제정했다.

1993년 1차 북핵 위기가 시작되자, 미·일은 일본 유사뿐만 아니라 한반도 유사시 일본이 미국을 돕기 위해 어떤 역할을 해야 하는지 정리할 필요성을 느낀다. 두 나라는 1997년 9월 미-일 가이드라인을 개정해 이른바 '주변 사태'가 발생했을 때 일본이 미군에 대한 보급·운송 등 후방지원을 하도록 명시했다.

2000년대를 넘어서면서 중-일이 영유권 분쟁을 벌이는 센카쿠열도(중국명 댜오위다오) 등 동중국해를 중심으로 중국의 군사적 위협이 강화되기 시작했고, 2014년 4월 버락 오바마 당시 미국 대통령은 아베 신조 일본 총리와 정상회담 뒤 기자회견에서 센카쿠열도가 미-일 안보조약의 대상이라고 처음 밝혔다. 이후 미-일 정상회담 공동문서엔 '미국의 센카쿠열도 방위 의무'가 명시되기 시작했다.

미국이 숙원 과제를 해결해 준 만큼, 일본도 미국 쪽에 성의를 보이는 흐름이 이어졌다. 일본 사회의 큰 반발에도 2015년 4월 미-일 가이드라인 2차 개정으로 미-일 동맹이 '글로벌 동맹'으로 확대됐고 자위대의 '집단적 자위권' 행사가 명문화됐다. 이후 중국을 겨냥한 미-일 공조는 강화돼 2021년 4월 바이든 대통령과 스가 요시히데 일본 총리의 정상회담 공동문서엔 1969년 이후 52년 만에 처음으로 '대만해협의 평화와 안정의 중요성'이라는 내용이 담겼다.

 2021년 10월 취임한 기시다 총리는 이듬해 5월 바이든 대통령과의 정상회담에서 국내총생산(GDP)의 1% 수준인 방위비를 두 배까지 늘리고, 북한·중국 등 주변국의 미사일 기지를 직접 타격하는 '적기지 공격 능력' 보유를 선언했다. 바이든 대통령의 '적극적 지지'에 힘입은 기시다 총리는 그해 12월 국가안보전략을 개정해 두 가지 사안을 모두 결정하는 등 70여 년 만에 안보정책의 대전환이 이뤄졌다.[2]

2024. 7. 29
미·일 양국, 올해 안으로 자위대 통합사령부 설치하기로 합의
 미 국방장관 로이드 오스틴 미국 국방부장관은 7월 29일 도쿄에서 기하라 미노루 일본 방위상과 회담한 뒤 공동기자회견에서 "주일미군 창설 이래 가장 의미가 있는 변화"라고 평가.

2024. 9. 3 〈MBC 뉴스데스크〉
일본 '헌법에 자위대 명기' 새 총리 '핵심 과업'…'계엄령'도 부활?

---

2) 미일동맹에 대한 비판적 시각이 결여된 글이지만, 그 70년 역사를 일목요연하게 잘 정리한 글로 평가된다.

앵커 멘트 "일본 집권 자민당이 헌법에 자위대를 존재 근거를 분명히 밝히는 개헌안을 내놨습니다. 현재 육·해·공군 등 어떠한 전력도 보유하지 않는다는 평화헌법 때문에 자위대의 법적 근거가 없다는 지적이 계속돼 (온 상황) … 여기에 유사시 긴급 사태를 선포할 수 있는 사실상의 계엄령까지 부활시키겠다고 밝혀 우려가 확산되고 있습니다."

2024. 9. 30 〈중앙일보〉
"괌에 자위대 주둔, 미·일안보조약 고치자" – 이시바 독트린 파문

일본의 군사적 지위 강화가 핵심인 이시바 시게루(石破茂) 차기 일본 총리의 외교안보 밑그림을 두고 논란 … 이시바가 미 싱크탱크 허드슨연구소에 기고한 '일본 외교정책의 장래'란 글이 27일(현지시간) 홈페이지에 게재 … 사실상 '이시바 독트린'으로 간주되는 이번 기고문에 일본의 안보 틀을 전면 수정하는 수준의 내용이 …

이시바는 특히 국가안전보장기본법 제정과 함께 1960년 체결한 미일안보조약 및 미일지위협정(SOFA)의 개정을 강조 … "미·영 동맹에 버금가는 '대등한 국가'로서 미·일 동맹을 강화해 지역 안보에 기여하는 걸 목표로 한다"며 "미일안보조약을 '보통국가' 간의 조약으로 개정할 조건이 정비됐다"고 주장했다.

미일안보조약에 따르면 미국은 일본에 대한 '방위' 의무가 있지만, 일본은 미국에 대한 '방위' 의무가 없다. 이를 한미상호방위조약처럼 유사시 서로 돕는 구조로 바꿔야 한다는 게 이시바의 구상인 셈 …

이시바는 또 "자위대를 괌에 주둔시켜 양국의 억지력 강화를 도모하겠다"고도 밝혔다. 그러면서 괌 주둔의 성격과 관련해선 "훈련 기지를 두는 것"(지난 29일 후지TV 인터뷰)이라고 설명했다.[3]

2024. 10~11월

윤석열 패거리의 계엄 모의가 지속되는 가운데, 합동참모본부 소속 드론사령부가 조선의 수도 평양 상공에 무인기를 날리며 북측의 반격을 유도.

2025. 3. 3 〈한겨레신문〉

"중·러 군사력 위협적"…일본 '자위대 존재 명기' 개헌 찬성 68%
일본 니혼게이자이신문은 3일 지난해 11~12월 전국 18살 이상 남여 1,548명을 상대로 실시한 연례 우편 여론조사(유효 응답률 51.6%)에서 '헌법을 개정하는 게 좋다'는 응답이 68%로 나타났다고 보도 … 2018년부터 같은 방식의 설문조사 … 최근 7년 사이 '개헌 찬성' 의견이 가장 높았다. '개정하지 않는 게 좋다'고 답한 사람은 28%에 그쳤다.

2025. 3. 24

일본 육·해·공 자위대의 일원적 지휘를 담당하는 '통합작전사령부' 발족. 통합작전사령관은 통합막료장 및 육·해·공 자위대 막료장과 마찬가지로 4성 장군으로 편제. 초대 사령관은 통합막료감부의 副막료장이었던 나구모 켄이치로(南雲憲一郎) 항공자위대 장성이 맡았다.

---

3) '이시바 독트린'은 미일안보조약 개정과 자위대의 괌 이전 등이 비현실적이라는 지적 속에 흐지부지됐으나, 미국의 세계 군사전략에 적극 동조하면서, 동시에 자국 내, 특히 오키나와에 밀집해 있는 미군기지 이전의 필요성을 재확인했다고 볼 수 있다.

통합작전사령부의 창설은 2000년대 초반부터 시작된 일본 자위대의 통합성 강화의 연장선에 있는 한편, 최근 몇 년간 미일 간 동맹의 지휘통제(C2, Command and Control) 체계의 연계성 강화를 위한 핵심적인 정책으로 추진되고 있는 만큼, 그 의의는 적지 않다.('일본 자위대의 통합운용 체제 변화 동향과 시사점' - 〈KIDA 안보전략 FOCUS〉 제20호 (2025년 4월 1일) 장혜진 연구원)

2025. 4. 15

일본 정부, 미국에 "한반도와 동·남중국해를 '하나의 전역(戰域·전쟁 구역)'으로 관리하는 방안을 제안했다"고 일본 〈아사히신문〉 보도. 이 신문에 따르면 일본 방위성장관(나카타니 겐)은 3월 30일 도쿄에서 피트 헤그세스 미국 국방부 장관에게 '원 시어터'(One Theater) 구상 제시.

"역내 중국의 군사적 위협이 커지는 만큼, 한국과 미국, 일본, 호주, 필리핀 간 협력을 강화, 하나의 군사 협력 체계로 묶어 중국에 대한 억지력을 높이려는 의도다."(〈한국일보〉 기사 논평)

2025. 7. 1 〈조선일보〉

[사설] '거꾸로 한반도' 지도 보는 주한 미군
"주일미군 강화가 주한미군 약화로 이어질 수 있다"고 주장.

스티븐 조스트 주일 미군사령관은 28일 "주일 미군의 권한을 점차 확대해 나갈 것"이라고 밝혔다. "인도·태평양 지역에서 중국의 위협이 심화하고 있다"며 한 말인데, 문제는 주일 미군 강화가 주한 미군 약화로 이어질 수 있다는 점이다. 트럼프 행정부 일각에서는 "주한 미군 전작권 이양과 함께 주한 미군 사령관은 중장으로 내리고, 현재 중장이 맡는 주일 미군 사령관을 대장으로 올려 유엔군 사령관을 겸하게 하자"는 주장도 나온다고 한다. 미국은 이르면 8월 발표할 새 국방 전략(NDS)에서 주한·주일 미군의 새로운 운용 방안을 공개할 것으로 알려졌다.

2025. 7. 9

미 연구소 'Defense Priorities(국방 우선순위)' 선임연구원 제니퍼 캐버노 - 미 국방장관 전 수석고문 댄 콜드웰 공동보고서: "현재 약 2만8천500명 수준인 주한미군 중 지상 전투 병력 대부분을 철수하고 약 1만 명 정도만 남겨야 한다."

❸ 미·일의 군사전략 공모 때마다 발생하는 대북 모략극 또는 '한반도 유사(有事)'의 사례들

① 2015. 8. 4 목함지뢰 사건 [4]

2014~2015 한·미·일 군부의 움직임

2014. 5. 15
아베 총리, 국가안전보장회의 후 "헌법 개정해 집단적 자위권 행사" 공식 발표

2014. 7. 1
일본, 집단적 자위권 행사를 허용하는 헌법 해석 변경
아베 총리, 2014년 7월 내각 각의 결정에 의한, 이른바 해석 개헌을 통해 일본을 '전쟁할 수 있는 나라'로 탈바꿈

2014. 10. 1 〈한겨레신문〉
"미-일 방위지침서 '주변사태' 개념 삭제키로"
미국에 대한 지원을 확대하기 위한 새 법 제정 추진
- 조선(북한), 2014-2015년 SLBM에 대한 지상 시험발사 등 수십 차례 미사일 시험발사

---

4) 당시 한·미 합동 조사단(국방부 전비태세검열단과 유엔사 군사정전위원회 특별조사팀)이 내세운 "북한의 소행" 결론은 객관적 증거가 결여된 일방적 억지에 지나지 않았다. 당시 박근혜 정권의 합동참모본부는 지뢰 매설자가 누구(어느 쪽)이었는지에 대해서는 증거는 물론 정황 자료조차 제시하지 못한 채, 목함에 송진이 묻어나온 것으로 보아 새로 제적된 것이라거나(떠내려온 것이 아니고), 지뢰 파편 몇 개가 북한산이라고 주장하며 "혹독한 대가를 치르도록 하겠다"고 떠벌였다. 이는 '혹독한(?)' 대북 공세를 벌이기 위해, 북의 소행으로 위장한 지뢰 공격을 자행했다는 방증으로 이해할 수 있다.

2015. 3. 12 〈교도통신〉

"일본 정부는 한반도 유사시 미군 지원을 상정한 주변사태법(1999년 제정)을 개정해, 지리적 제한을 없애기로 했다. … 현행법으로 인정하지 않는 외국 영영으로 자위대 활동을 넓히겠다는 의도 …"

2015. 4월 중순부터

한국 사드 배치(*2015. 3. 5 마크 리퍼트 대사 얼굴 커터 칼 테러에 대해 대통령 박근혜 "한미동맹에 대한 테러" 규정)

2015. 4. 27

워싱턴, 미·일 국방·안보관계장관 연석회의에서 신(新)가이드라인(신 미일방위협력지침) 발표: 1997년 첫 개정 후 18년 만에 재개정된 이번 〈가이드라인〉은 '일본 주변의 유사 사태'를 '중요 영향 상태'로 대체. 이로써 '주변 사태'라는 지역적 제약은 사라지고 자위대는 미국과 일본의 자의적인 판단에 따라 세계 어느 곳에서든 활동할 수 있게 됨.

▶ '자국방위-일본의 유사사태'에서 '일본 주변의 유사사태'를 거쳐 이번 〈가이드라인〉 개정을 통해 이제는 '중요 영향 상태'로 작전 범위가 확대됨에 따라 일본은 '보통국가화'의 장애물이었던 집단적 자위권 행사의 제약마저 벗게 되었다. 일본 군국주의 부활에 발목을 잡고 있던 느슨한 족쇄가 〈가이드라인〉 개정으로 완전히 끊어짐.

▶ 일본 자위대의 역할을 높여 동아시아에서 중국을 견제. 이것이 바로 이번 〈가이드라인〉 개정의 목적이라 할 수 있다. 이런 미·일 군사동맹의 강화에 대해 중국과 주변국들은 일제히 반발.

2015. 5. 8
조선 "SLBM 수중 시험발사 성공" 발표

목함지뢰 폭발 사건의 배후가 북한?

2015년 8월 4일 DMZ에서 발생한 목함지뢰 폭발 사건은 2015년 미·일 안전보장법[5] 개정에 필요한 극동 또는 아시아·태평양의 위기 조장 목적의 자작극이었다고 보는 편이 합리적임. 사건의 진위 논증은 본고의 범위를 넘어서지만, 목함지뢰 폭발 사건이 당시 박근혜 정권의 정보사령관 노상원과 당시 합참 작전본부장 김용현 등의 기획이었을 개연성을 시사하는 자료 하나를 제시함.

▶ 김어준-봉지욱 〈뉴스공장〉 인터뷰. 2025년 1월 말 방영
 https://www.youtube.com/watch?v=6AQBsbgut0U 초반 6분 주요 부분 녹취

---

5) 2015년 9월 19일 제·개정안이 일본 국회를 통과해 이듬해인 2016년 3월 29일부터 시행된 안보법은 자위대 임무를 확대해 다른 나라를 무력으로 보호하는 집단적 자위권 행사를 가능케 하고, 자위대의 해외 활동을 넓힐 수 있도록 한 무력공격사태법, 중요영향사태법, 국제평화지원법 등 일련의 안보 관련 법률을 말한다.

봉지욱 노상원이 박근혜 정부 때 정보사령관을 했거든요 … 정치인 수거 암살 계획이 … 그런 공작 모델이 2015년 말에 실제로 있었어요 … "북한 응징 공작" … 그때 목함지뢰 사건 … 난리가 났잖아요? … 지뢰는 유엔에서 금지하는 살상 방법인데 … 거리에 대한 응징을 하라는 지시가 내려왔대요. 당시 국방장관이 김관진 … HID에 명령이 내려간 겁니다. 응징을 하라고 … 응징을 할려면 … 공작을 짜야 되잖아요? … 노상원이 공작을 설계하는데 … 그 공작이 실행이 됐는데, 문제는 … 노상원이 합참의 정보본부장을 패싱하고 작전본부장인 김용현한테 보고를 해요 … HID 속초부대가 움직인 거고 … 그 위에 김관진 장관한테 결제를 받고 했대요. … 우리가 북한의 타격을 먼저 받은 것처럼(속이기 위해) … 우리 아군이 아군을 공격하는 플랜이 있었나 봐요 …

김어준 아아! 지금하고 똑같네~ … 그때도 북한을 타격해야 되는데, 명분이 필요하니까아 … 북한이 한국군을 공격한 것으로 … 지뢰는 실제 공격이라기보다는 지뢰니까 그냥 … 북한군이 실제로 공격한 것으로 (사건을) 먼저 만들고 … 그러면 인민군복 입고 그렇게 했어야 되는 거네 …

봉지욱 … 응징 공작이 실제로 실행이 됐어요, … 다만 확인을 안 해 줬습니다 …

위 인용문에서 "지뢰는 실제 공격이라기보다는 지뢰니까 그냥 … 북한군이 실제로 공격한 것으로 (사건을) 먼저 만들고 …"는 봉 기자의 미진한(절제된) 해설을 김 씨가 오독한 것이다. "그냥 지뢰 공격이 실제 한국군에 대한 직접 공격이 아니다"라는 말은 어불성설. 이 지뢰 공격이 바로 대북 공격 작전을 벌이기 위해, 아군이 아군을 공격한 위장 공격이었다고 봐야 함.

② **천안함 사건 (2010. 3. 26)**

좌초 사건을 북 잠수정의 어뢰 공격에 의한 폭침으로 조작

2010년 3월 전후 한반도 주변 정세

- 미중 관계 악화: 2001년 미국의 9.11테러 조작 후부터 2009년까지 중국은 미국의 테러와의 전쟁에 보조를 맞췄고, 2006~2007년에는 북 핵 폐기를 위한 6자회담을 주최하기도.
- 그러다 중국 GDP가 일본을 추월한 2010년 전후부터 미국은 중국을 전략적 동반자가 아닌 잠재적 적국으로 간주하기 시작 (2020년 중국 GDP는 일본의 3배에 이름).
- 더 결정적인 것은 2009년 8월 일본의 민주당이 총선 공약으로 "2006년 오키나와 기지 이전에 관한 합의를 재검토할 것이며, 후텐마(普天間) 미 공군기지를 국외 또는 오키나와 밖으로 이전하겠다"고 선언한 것.
- 이어 2009년 8월 30일에 치러진 총선에서 민주당이 압승을 거뒀고, 9월 16일 하토야마 유키오(鳩山由紀夫)가 내각총리대신으로 지명된 뒤, 잇따라 후텐마 기지 이전 공약 실현 의지를 표명. → 미·일 관계 파열 조짐

미·일 관계의 파열음이 장기화할 전망이다. 현안인 오키나와 후텐마 비행장 이전 문제가 해를 넘기며 표류하게 되면서 미·일 동맹이 근저에서부터 흔들리는 양상이다.

하토야마 유키오 총리는 이날 저녁 총리실에서 기자들과 만나 "역시 (2006년 후텐마 기지 이전지역으로 미·일 정부가 합의한) 슈워브 기지 연안부를 대신할

이전 지역을 모색해, 수개월 내로 이전 지역을 결정하겠다"고 말했다. 그의 발언은 이날 오전 민주, 사민, 국민신당 등 연립여당 대표들이 원점에서 재협상하기로 한 포괄적 합의 내용을 좀 더 구체화해 8·30 총선 공약 실천 의지를 밝힌 것이다.(「'후텐마 한파' 미-일 관계 얼어붙나」〈한겨레신문〉 2009. 12. 15)

▶ 이즈음부터 미국 오바마 정권은 일본에 대한 지배와 통제 및 오키나와 미군기지 영구 점유 대책 마련에 부심. 이후 '아시아 중시 전략'이라는 애드벌룬을 띄워 일본에 대한 통제력 회복과 한·미·일 3국의 대중·대북 적대전선 재구축을 획책함.

2010. 1
미 국무장관 힐러리 클린턴은 하와이대학교 연설에서 "미국의 세계전략의 최우선 순위는 아시아·태평양"이라며 "미국의 미래가 결정될 것이다."

▶ 이 와중에 2010년 3월 26일 미군 잠수함이 참여하는 서해 대잠작전 중 한국 구축함인 천안함 좌초.

▶ 이후 침몰 원인을 폭침으로 조작한 뒤 하토야마 총리 실각설이 유포됨.

일본의 하토야마 유키오 총리가 후텐마 후폭풍으로 사면초가에 몰렸다. … 8개월여 간 민주당 정권과 동거했던 사민당은 연정 이탈로 등을 돌렸고, 여론은 악화하고 있으며, 정권 내부에서 사임론도 부상하고 … 하토야마 총리는 사임론을 일축하고 있다. 하지만 7월 참의원 선거에서의 대패를 피하기 위해 당내에서 사임 압력이 분출할 경우 끝까지 버틸 수 있을지는 불투명하다.(「후텐마 후폭풍,

하토야마 '사면초가'」〈디지털타임스〉 2010. 5. 30)

하토야먀는 처음에는 사임설을 강하게 부정했으나 사흘 뒤인 6월 2일 그와 오자와 민주당 간사장이 동반 퇴진함. 며칠 뒤 미 대통령 오바마는 캐나다 토론토에서 열린 G20(선진국 20개국) 정상회의에서 "한미동맹은 한국과 미국뿐 아니라 태평양 전체의 안보의 '린치핀(lynchpin)'"이라고 역설. 2011년 1월 '미국의 아시아 회귀 전략' 공표하며 대중 포위망 구축에 나섬.

2010. 6. 6 〈KBS〉 국제뉴스
카스트로, "천안함은 미군이 격침" 주장

피델 카스트로 쿠바 전 국가평의회 의장이 천안함은 미국 해군 특공대에 의해 침몰된 것이라고 주장했습니다.

카스트로 전 의장은 쿠바 공산당 기관지에 쓴 글에서, 미 해군 특수부대 네이비 씰이 미군의 오키나와 기지 주둔을 유지하기 위해 천안함을 격침시킨 것이라고 주장했습니다.

카스트로 전 의장은 한반도에서 긴장감을 높인 것이 하토야마 총리의 사퇴 원인 가운데 하나가 됐다고 분석하기도 했습니다.(2010. 6. 6 08:47)

* 미국이 대일 샌프란시스코 강화조약(1951)으로 일본을 속국으로 만든 이후 1990년대 일본이 주변사태법을 제정할 때까지 반세기 역시 이와 유사한 대북 모략극이 수도 없이 자행됐다.

특히 미국의 레이건과 일본의 나카소네가 동아시아에서 호가호

위하던 1980년대 전두환네 한국은 가히 '국가조작테러의 전성기'를 구가했고, 그 이전 박정희 정권 역시, 미국의 베트남 침략전에 가담한 것을 기화로 수많은 국가조작사건을 저지르며 정권을 연장했다.

미-일 동맹 변화	자료: 일본정부
1960년 6월	미-일 안보조약 개정(미국의 일본 방위의무 명시)
1978년 11월	미-일 방위협력지침(가이드라인) 제정
1997년 9월	미-일 가이드라인 개정(한반도 유사시 등 '주변사태 개념 도입")
2014년 4월	정상회담(센카쿠열도 미-일 안보조약 5조 적용 대상 밝혀)
2015년 4월	미-일 가이드라인 2차 개정(미-일 동맹의 글로벌화, '집단적 자위권' 명문화)
2021년 4월	정상회담(52년 만에 대만해협의 평화 명시)
2022년 12월	일 '적기지 공격 능력' 보유, 방위비 2배 증액 결정(미국 지지)
2024년 4월	정상회담(무기 공동 개발·생산, 미국·자위대 지휘체계 협력 강화)

지금이 기회다

리적 미군철수투쟁본부 상임대표

미국의 동맹국들은 거머리처럼 미국의 피를 빨았다. 한국에서의 방위분담금을 뽑아내는 것은 뉴욕에서 월세를 받는 것보다 쉽다. 한국은 머니 기계다. 〈2024년 트럼프 선거 유세 중 발언〉

한국은 중국, 일본, 바다에 떠 있는 고정 항공모함이다. 〈2025. 5. 제이비어 브런슨 주한미군사령관〉

이 무슨 말인가?

이 말 속에 포함된 그들의 주장에는 한국의 주권은 없었다. 혹은 한국은 미국의 식민동맹 중에 최고의 호구 국가다. 이것은 잠재의식이 아니다. 조미전쟁 이후에 미국이 남을 보는 실제 시선이다. 단지 그들의 식민정책은 직접지배에서 간접지배, 즉 동맹지배로 형식을 바꾼 것일 뿐이다.

지구상에서 주둔비를 내는 나라는 세 국가다. 독일, 일본, 한국이다. 그래도 독일은 시설만 제공한다. 그리고 일본은 분담금의 철저한 사용처를 묻는 나라이며 불필요한 돈은 절대 제공하지 않는다. 다만 한국만 주둔비를 정해 놓고 마음대로 집행한다. 트럼프는 1기 집권시 50억 달러를 요구했다. 우리 돈으로 5조7천억원이다. 2기 들어서는 100억 달러를 요구한다. 우리 돈 13조 9천억 원이다.

이건 동맹이 아니다. 점령군의 지위를 이용하여 계약서 협약서를 쓰게 한 다음 동맹으로 포장하는 신식민지배법에 의하여 강제로 밀어붙이기다.

6.25전쟁에 대한 시각도 바꾸어야 한다. 6.25는 한국전 또는 남북 전쟁으로 볼 수 없다. 16개국이 참여한 엄연한 국제전이다. 처음에는 남북이 국지전에서 전면전으로 시작했지만 그다음에는 미국의 동맹군대가 참여하여 중국군대까지 끌어들인 전쟁으로 엄연히 그 주체는 미국과 조선 중국전이었다. 미국은 16개국을 대표한다면 조선은 중국과 두 국가로서 조선이 대표한다. 그래서 조미전쟁으로 불리어야 마땅하다. 정전협정의 조인 당사자도 조중미다. 그런데 어찌 한국전이며 남북전이란 말인가?

이렇듯 남의 실제 지배국인 미국은 국가보안법으로 남북교류나 통일문제를 막고 있으며 문재인 정부때는 좀 더 실체적으로 접근하여 워킹그룹이라는 정체불명의 조직을 만들어 남북합의서를 깡그리 짓밟아 버리기도 하였다.

한국은 거액의 주둔비를 내면서도 전작권이 없다. 국군의 날에 군사퍼레이드를 하면서도 이 땅의 대통령은 전시작전권을 갖은 국군통수권자가 아니다. 그렇기 때문에 일본이 독도를 쳐들어와도 한국대통령은 제대로 막을 수 없다. 미군이 독도를 지키라고 지휘하지 않으면 독도는 일본에 바로 점령당한다.

이런 보잘것없는 국가적 지위에서 새 정부는 어떻게 조한미 관계를 이끌어나갈 것인가?

트럼프는 그들의 동맹관계를 관세외교로 흔들며 지구의 질서를 재편하고 있다. 심지어 트럼프는 관세문제로 캐나다를 미국의 51번째 주로 편입하라는 발언으로 캐나다에서 반미 반트럼프 바람을 일으키고 있다.

일본에서조차 반미바람이 불고 있는 것은 우리에겐 호재로 작용하고 있다. 일본의 한 자민당 의원은 편지로 외교문제를 통고하는 것은 동맹국에 대한 실례이며 분노를 자아내게 한다고 성토했다. 이시바는 일본을 깔보는 트럼프의 행동에 언제까지 참을 수 있냐고 미국과 헤어질 결심까지 말하고 있다. 일본은 미국에 매달리는 척하면서도 이중 플레이를 서슴지 않는다. 러일은 사할린 가스 유전을 공동개발하며 양국관계를 깊게 유지하고 있다. 또 최근 중국은 일본산 수산물 수입을 재개하겠다는 발언과 함께 한중일 간 교류협력을 재개하겠다고 신호탄을 쏘아 올린다. 이같은 모든 작업은 물밑으로 이루어진 일본의 외교력이다.

일본은 미국과의 첫번째 식민동맹국이면서도 자기들 할 짓은 다 한다. 한국과는 너무도 대조적이다.

한국은 러시아에 접근해야 한다. 한반도 문제를 중개할 국가는 러시아밖에 없다. 러시아가 우크전을 끝내면서 트럼프와의 대화가 시작되면 이때 푸틴은 한반도 문제를 끌어들일 수 있다. 러시아는 지금의 이재명 새 정부를 바라보고 있다. 최근 러시아의 외교장관 라브로프가 방북하여 최선희 외무상과 회담하고 김정은 위원장을 접견했다. 그는 이 자리에서 평양과 서울의 관계에 대해서는 조선이 수용할 수 있는 틀 내에서만 행동할 것이고 조선이 관심을 둔 문제에만 관심을 둘 것이라고 말했다고 외신은 전했다.

최근 이재명 새 정부는 대북 방송과 대북전단 살포를 적극적으로 막고 있다. 필자가 살고 있는 민통선에는 매일 밤 검문소를 설치할 정도로 삼엄한 경계를 펼치고 있다. 전단살포조의 접근은 아예 봉쇄되고 있는 것이다. 조선은 바로 답례했다. 밤마다 민통선 근처에서 울부짖던 대남방송의 중단이 그것이다.

남이 실천하면 북은 바로 답례한다. 트럼프는 중간선거전에 조선의 김정은 위원장을 만나기를 원하고 그리고 소기의 성과를 얻기를 고대한다. 이때 남의 새 정부가 먼저 조선을 노크해도 트럼프는 노코멘트일 수밖에 없다. 예를 들어 장기수 송환 문제라든가 대북 관광사업 같은 것들을 추진한다면 적절한 신호탄이 되리라 본다. 동시에 러시아 특사단을 통하여 경협문제와 동시에 조한미 문제를 포괄적으로 접근한다면 강을 건너는 발판이 될 수 있으리라 본다.

이미 러시아 특사를 파견했으니 그런 전략을 세웠으리라 예측한다.

러시아 외무장관 라브로프는 새 정부가 이전 정부와 큰 차이가 없다고 일갈한 바 있다. 그러나 그것은 성급한 판단이다. 새 정부가 들어선 지 겨우 한 달여밖에 되지 않은 시점이라 성급하고 박절한 논평으로 보인다. 그러나 이 메시지는 우리가 무엇을 해야 할 것인가를 암시해 준다.

적어도 미국의 현 처지나 트럼프의 입장은 물불 가릴 때가 아닌 시기다.

  미국의 중간선거 전에 러시아와 긴급 소통하고 연이어 남북소통의 기회를 만들어야 한다. 만약 국가보안법 철폐라도 밀어붙인다면 새 정부를 바라보는 조러의 시각은 신뢰회복의 완벽한 단초가 되지 않을까?

  눈치 보지 말라. 지금이 기회다.

조국통일 이재명 대통령

박해전 사람일보 회장

이재명 대통령은 제21대 대통령 취임선서식 '국민께 드리는 말씀'에서 "명실상부한 '국민이 주인인 나라'를 만들겠다"며 "위대한 빛의 혁명은 내란종식을 넘어 빛나는 새 나라를 세우라고 명령한다. 희망의 새 나라를 위한 국민의 명령을 준엄히 받들겠다"고 밝혔다.

국민주권자들은 이재명 대통령이 김대중 노무현 문재인 대통령을 뛰어넘어 국민주권 헌법 수호자로서 외세의 간섭과 지배책동을 배격하고 헌법 전문 '조국의 민주개혁과 평화적 통일의 사명'에 따라 자주통일과 평화번영의 남북공동선언을 완수하는 조국통일 대통령이 될 것을 명령하고 있다.

이재명 국민주권정부는 민주헌정을 짓밟은 윤석열 내란반란정권 심판을 시작으로 국민주권 헌법을 침해한 식민분단 적폐를 완전히 청산하고 조국통일을 실현해야 할 절박한 과제를 안고 있다.

윤석열 일당의 2024년 12.3 비상계엄 내란반란은 지난 한 세기 청산하지 못한 우리 사회의 식민과 분단 적폐가 총폭발한 21세기 대한민국의 가장 불행하고 비극적인 사건이다.

조은석 내란특검은 사초를 엄정하게 기록하는 자세로 윤석열 일당의 내란외환죄와 전현직 대통령을 비롯한 각계 민주인사들과 민주사회단체들을 수거처리 대상으로 적시한 노상원수첩 학살극의 전모를 철저히 밝히고 범죄자들을 준엄하게 단죄함으로써 이 땅에서 되풀이된 악몽 같은 내란반란을 완전히 영원히 종식시키는 백서를 창조해야 한다.

1910년 일본제국주의의 강점에서 시작된 외세에 의한 식민과 분단은 우리 민족을 참을 수 없는 고통과 불행에 빠뜨린 총체적 국난이며 이에 기생한 사대매국노들의 내란반란의 근원이다.

이재명 국민주권정부는 윤석열 내란반란의 근원인 식민과 분단 적폐를 완전히 청산하고 헌법의 핵심요구인 민족자주와 조국통일을 완수함으로써 헌법 정신을 구현하고 역사정의와 사회정의를 실현해야 한다.

한국 현대사에서 일제에 나라를 팔아넘긴 사대매국노 이완용을 비롯한 을사오적 못지않게 국민주권 헌법을 파괴한 적폐 중의 적폐 반민족적인 신을사오적은 이승만 박정희 전두환 이명박근혜 윤석열 일당이다.

우리 민족이 겪은 지난 한 세기 1910년 일본제국주의에 의한 주권 침탈과 1945년 외세에 의한 분단의 역사를 반영하여 대한민국 헌법은 전문에서 "유구한 역사와 전통에 빛나는 우리 대한국민은 3.1운동으로 건립된 대한민국임시정부의 법통과 불의에 항거한 4.19민주이념을 계승하고, 조국의 민주개혁과 평화적 통일의 사명에 입각하여 정의·인도와 동포애로써 민족의 단결을 공고히 하고, 모든 사회적 폐습과 불의를 타파하며…"라고 명시하여 식민과 분단 적폐청산, 자주독립과 조국통일을 이룩할 것을 요구하고 있다.

이승만 사대매국정권은 1960년 3.15부정선거에 항거한 4.19혁명으로 대통령 권좌에서 쫓겨났지만, 반인륜적인 국가폭력범죄인 1948년 4월 미군정을 반대한 제주도민 학살과 1953년 10월 1일 한국의 군사주권을 미국에 넘긴 한미상호방위조약과 관련한 역사의 심판을 받지 않았다.

우리 헌법 제1조는 '대한민국의 주권은 국민에게 있고, 모든 권력은 국민으로부터 나온다'라고 규정하고 있다. 불평등한 한미상호방위조약은 절대로 양도할 수 없는 헌법 제1조의 국민주권을 침해한 것이므로 원천무효이다.

한미상호방위조약은 이완용을 비롯한 사대매국노들이 1910년 대한제국의 국가주권을 불법으로 일본에 넘긴 한일합방조약에 비견되는 사대매국조약이다. 이에 근거해 미국은 한국의 군사주권을 지배함으로써 주한미군을 배치하고 천문학적인 방위비분담금을 요구해왔다.

이 사대매국조약에 근거하여 우리 민족의 자주통일과 평화번영을 가로막고 한반도 핵전쟁 위기를 고조시키는 한미일 군사동맹과 연합군사훈련은 조국의 평화적 통일을 사명으로 하는 국민주권 헌법을 파괴하는 것으로 즉각 중단되어야 한다.

일본제국주의와 미국제국주의에 의한 식민과 분단 적폐청산 없이 그 원흉들과 군사동맹을 맺고 한반도 핵전쟁 위기를 불러오는 한미일 연합군사훈련을 자행하는 사대매국범죄를 국민주권 헌법은 결코 용납할 수 없다.

일왕에게 충성을 맹세했던 박정희 사대매국정권이 미국의 사주 아래 1965년 일본과 체결한 한일기본조약도 불법적인 일제식민지배의 사죄와 정당한 배상 없이 일제식민통치에 면죄부를 준 사대매국조약으로 원천무효이다.

일본 총리 아베는 이 조약을 근거로 한국 대법원의 일제 강제징용 배상 판결을 무시하고 적반하장의 경제보복 조치를 취했다. 이 사대매국조약을 폐기해야 우리 민족의 일제식민통치에 대한 공정하고 정의로운 심판과 올바른 친일잔재 청산의 길이 열릴 것이다.

유신독재로 장기집권을 획책한 박정희는 1979년 10월 26일 김재규 중앙정보부장의 총탄을 맞고 죽었지만, 유신독재에 저항한 무고한 민주인사들을 사법 살해한 반인륜적인 인혁당재건위사건 반국가단체 고문조작 국가범죄에 대한 심판은 아직까지 이뤄지지 않고 있다.

전두환 내란반란정권은 1979년 12.12군사반란과 1980년 5.17비상계엄에 대한 사법절차는 거쳤지만, 민주공화국을 유린한 반인륜적인 1980년 5월 광주학살과 5공 아람회사건 반국가단체 고문조작 국가범죄에 대한 엄정한 심판은 실현되지 않고 있다.

이명박근혜 정권은 부정비리와 국정농단으로 심판을 받았지만, 김대중 대통령과 노무현 대통령이 채택한 6.15공동선언과 남북관계 발전과 평화번영을 위한 10.4정상선언을 짓밟고 금강산관광과 개성공단을 폐쇄하는 천추에 씻지 못할 반민족 반통일 범죄를 저질렀다.

윤석열 내란반란정권은 민주헌정을 파괴한 신을사오적의 끝판왕이다. 헌법기관인 국회와 선거관리위원회를 무장계엄군을 동원해 불법 침탈하고 노상원수첩에 적힌 대로 누구도 상상조차 할 수 없는 대학살극을 모의한 윤석열 일당의 내란반란범죄는 21세기 대한민국 최악참사로 절대로 용납될 수 없다.

윤석열 내란수괴는 애초 태어나서는 안될 것이었다. 윤석열은 지난 대선에서 국민의힘 대선후보로서 손바닥에 쓰인 왕(王)자를 노출하기도 하고 우리 민족의 자주통일과 평화번영을 약속한 남북공동선언을 부정하며 선제타격을 공언했다.

윤석열은 헌법 제66조 '대통령은 조국의 평화적 통일을 위한 성실한 의무를 진다.'에 반하여 6.15공동선언과 10.4선언을 계승한 문재인 대통령의 4.27판문점선언과 9월평양공동선언을 모조리 파탄내면서 외세와 결탁해 일촉즉발의 한반도 핵전쟁 위기를 불러오고 남북관계를 회복불능의 최악의 상황에 빠뜨렸다.

군사주권을 미국에 양도한 한미상호방위조약과 일제식민통치에 면죄부를 준 한일기본조약 폐기를 비롯하여 이들 신을사오적의 식민과 분단 적폐를 일소해야만 이 땅에서 국민주권을 유린한 내란반란이 영원히 종식되고 자주통일 평화번영의 활로가 열릴 것이다.

21세기 들어 김대중 노무현 문재인 정권이 조국통일 3대원칙에 따라 민족자주와 민족자결의 원칙에서 북측 정권과 함께 6.15공동선언과 10.4선언, 4.27판문점선언을 채택함으로써 자주통일과 평화번영의 대강령과 이정표를 마련한 것은 조국통일사에서 특기할 업적이다.

그러나 이들 정권은 우리 민족의 자주통일과 평화번영을 원천적으로 가로막고 있는 한미상호방위조약과 한일기본조약, 국가보안법의 폐기를 한국 정치의 핵심의제로 올리지 않고 방치했다. 국민주권 헌법을 수호해야 할 헌법기관의 책무를 다하지 못했다.

국민주권 헌법을 유린하는 사대매국노예조약을 폐기하지 않고 외세의 간섭과 방해책동을 물리치지 못하면 백년이 가도 자주통일과 평화번영의 남북공동선언은 실현될 수 없다는 것이 오늘날 남북관계 단절이 알리는 엄중한 교훈이다.

대한민국의 진정하고 근본적인 내란종식과 민주헌정수호는 조국의 민주개혁과 평화적 통일의 사명에 입각한 헌법적 요구에 따라 식민과 분단 적폐를 청산하고 자주통일과 평화번영의 이정표인 남북공동선언을 완수하는 데 있음은 자명하다.

2000년 6.15공동선언이 탄생하고 4반세기가 되도록 식민과 분단 적폐 사대매국노예조약을 방치하고 남북공동선언을 완수하지 못한 정치권의 무능과 무책임, 직무유기와 배임이 더 이상 연장되어서는 안된다.

이재명 국민주권정부는 국민주권 헌법을 침해한 사대매국노예조약 한미상호방위조약과 한일기본조약을 폐기하고, 그 대신 국민주권을 보장하고 한미간 서로 이익이 되는 한미상호주권존중공동번영우호조약과 합당한 사죄와 배상을 실현하는 한일불법강점식민지배완전청산조약을 맺는 길로 전진해야 한다.

또 신을사오적의 반민족적 사대매국범죄와 반인륜적 국가폭력범죄 처벌특별법(반민족행위자처벌특별법, 사건 발생 시점부터 완전한 단죄까지 시효 배제)을 제정하여 민주헌정을 유린한 사대매국범죄자들을 원천적으로 척결하고, 정치 경제 사회 문화 모든 부문을 대혁신하여 국민주권을 온전히 실현해야 한다.

정치권에서 제기된 1980년 5월항쟁의 헌법 전문 수록과 대통령 4년 중임제로의 헌법 개정 논의는 이와 함께 제폭구민 척양척왜 보국안민의 전봉준 동학혁명 정신과 우리 민족의 살길인 6.15공동선언과 10.4선언, 4.27판문점선언의 내용과 역사를 헌법 전문에 새기는 방향으로 수렴되어야 할 것이다.

국민주권자들과 제정당사회단체는 대동단결하여 이재명 국민주권정부 성공을 위한 객관적 조건과 환경을 마련해야 한다.

국회는 무엇보다도 먼저 이재명 대통령의 성공의 관건인 남북공동선언들을 비준 동의함으로써 이 대통령이 곧바로 자주통일 평화번영의 길로 달려갈 수 있는 제도적 장치를 마련해야 한다. 남북공동선언의 완수 여부는 이 대통령의 성패를 가르는 핵심 기준이다.

국회는 언론개혁 검찰개혁 사법개혁의 전제조건인 국가보안법 폐지를 즉각 단행해야 한다. 헌법 '조국의 민주개혁과 평화적 통일의 사명'과 국가보안법은 양립할 수 없다. 식민과 분단에 기생한 국가보안법으로 자행된 반인륜적인 국가범죄가 더 이상 용납되어서는 안된다.

국회는 또 민족자주 조국통일법을 제정해 남북공동선언 이행을 담보하고 이에 역행하는 사대매국범죄를 엄단함으로써 반만년 유구한 단일민족문화를 계승 발전시켜야 한다.

국민주권자들이 역사적 대전환기인 올해 이재명 국민주권정부를 중심으로 대단결하여 국민주권 헌법을 침해하는 식민과 분단 적폐 한미상호방위조약과 한일기본조약을 폐기하고 한반도 역내 한미일연합군사훈련금지법을 제정함으로써 한반도를 반전평화 세계 본산으로 우뚝 세우고 남북공동선언 완수의 확실한 담보를 마련한다면 자주통일과 평화번영의 활로가 새롭게 활짝 열릴 것이다.

조국통일은 우리 민족과 국민주권자들의 최고 최대이익을 구현하는 지상 최고 최대위업이다. 이재명 대통령은 최대한 이른 시일 안에 최종적으로 민족자주와 민족자결의 원칙에서 남북공동선언을 실천하는 남북정상회담을 열어 서로 다른 두 개 제도의 남북연방정부를 인정하고 용납하는 기초 위에서 하나의 민족통일국가를 이루는 가칭 대한조선(조선대한)민주연방공화국을 선포함으로써 우리 민족의 소원인 조국통일을 실현하는 조국통일 대통령이 되어야 한다.

우리는 헌법 전문 '조국의 민주개혁과 평화적 통일의 사명'을 언제나 가슴에 새기며 민족자주와 조국통일을 일일천추 학수고대하는 국민주권자들과 함께 식민분단 적폐청산과 이재명 대통령의 조국통일 위업 실현을 위한 객관적 조건과 환경을 마련하는 데 모든 노력을 다할 것이다.

우리 모두 자주통일과 평화번영 남북공동선언의 기치를 높이들고 하루빨리 식민과 분단 적폐를 완전히 청산하고 조국통일을 앞당겨나가자.

위대한 우리 민족의 민족자주와 조국통일 위업은 반드시 승리하고 21세기 인류자주와 세계평화를 밝히는 횃불로 빛날 것이다.

2025 조국통일 만민공동회 공동선언

　우리 민족의 자주통일과 평화번영을 열망하는 정당사회단체 각계인사들이 사람일보가 '식민분단 적폐청산 조국통일 어떻게 할 것인가'를 주제로 2025년 8월 8일 서울 전태일기념관에서 주최한 2025 조국통일 만민공동회에 참가하여 민족자주와 조국통일의 대의를 밝혔다.

　국민주권자들은 이재명 대통령이 김대중 노무현 문재인 대통령을 뛰어넘어 국민주권 헌법 수호자로서 외세의 간섭과 지배책동을 배격하고 헌법 전문 '조국의 민주개혁과 평화적 통일의 사명'에 따라 식민분단 적폐를 청산하고 자주통일과 평화번영의 남북공동선언을 완수하는 조국통일 대통령이 될 것을 명령하고 있다.

　우리는 국민주권주의 관철을 공약한 이재명 대통령이 조국의 평화적 통일을 염원하는 온 겨레의 숭고한 뜻에 따라 하루빨리 식민분단 적폐를 청산하고 조국통일을 이루기를 바라며 다음과 같이 선언한다.

1. 윤석열 일당의 2024년 12.3 비상계엄 내란반란은 지난 한 세기 청산하지 못한 우리 사회의 식민과 분단 적폐가 총폭발한 21세기 대한민국의 가장 불행하고 비극적인 사건이다.

이재명 국민주권정부는 윤석열 일당의 내란외환죄와 전현직 대통령을 비롯한 각계 민주인사들과 민주사회단체들을 수거처리 대상으로 적시한 노상원수첩 학살극의 전모를 철저히 밝히고 범죄자들을 준엄하게 단죄함으로써 이 땅에서 되풀이된 악몽 같은 내란반란을 완전히 영원히 종식시켜야 한다.

2. 한국 현대사에서 일제에 나라를 팔아넘긴 사대매국노 이완용을 비롯한 을사오적 못지않게 국민주권을 파괴한 적폐 중의 적폐 반민족적인 신을사오적은 이승만 박정희 전두환 이명박근혜 윤석열 일당이다.

이승만 사대매국정권이 한국의 군사주권을 미국에 넘긴 한미상호방위조약은 절대로 양도할 수 없는 헌법 제1조의 국민주권을 침해한 것으로 원천무효이다. 이재명 대통령은 국민주권 헌법 수호자로서 불평등 한미상호방위조약을 즉각 폐기하고 그 대신 한미간 상호 이익이 되는 공정한 한미상호주권존중공동번영우호조약을 맺기를 바란다.

일왕에게 충성을 맹세했던 박정희 사대매국정권이 미국의 사주 아래 1965년 일본과 체결한 한일기본조약도 불법적인 일제식민지배의 사죄와 정당한 배상 없이 일제식민통치에 면죄부를 준 사대매국조약으로 원천무효이다. 이재명 국민주권정부는 이를 즉각 폐기하고 그 대신 합당한 사죄와 배상을 실현하는 한일불법강점식민지배완전청산조약으로 바꿔 역사정의를 실현해야 한다.

3. 일본제국주의와 미국제국주의에 의한 식민과 분단 적폐청산 없이 그 원흉들과 군사동맹을 맺고 한반도 핵전쟁 위기를 불러오는 한미일 연합군사훈련을 자행하는 사대매국범죄를 국민주권 헌법은 결코 용납할 수 없다.

국회는 즉각 한반도 역내 한미 한일 한미일 연합군사훈련금지법을 제정하여 한반도를 반전평화 세계 본산으로 우뚝 세움으로써 인류평화의 신기원을 열어야 한다.

4. 이재명 국민주권정부는 신을사오적의 반민족적 사대매국범죄와 반인륜적 국가폭력범죄 처벌특별법(반민족행위자처벌특별법, 사건 발생 시점부터 완전한 단죄까지 시효 배제)을 제정하여 민주헌정을 유린한 사대매국범죄자들을 척결하고, 정치 경제 사회 문화 모든 부문을 대혁신하여 국민주권을 온전히 실현해야 한다.

5. 국회는 정동영 통일부장관이 후보자 청문회에서 밝힌 대로

이재명 대통령의 성공의 관건인 남북공동선언들을 비준 동의함으로써 이 대통령이 곧바로 자주통일 평화번영의 길로 달려갈 수 있는 제도적 장치를 마련해야 한다. 우리 민족의 살길인 남북공동선언의 완수 여부는 이재명 대통령의 성패를 가르는 핵심 기준이다.

21세기 들어 김대중 노무현 문재인 정권이 조국통일 3대원칙에 따라 민족자주와 민족자결의 원칙에서 북측 정권과 함께 6.15공동선언과 10.4선언, 4.27판문점선언을 채택함으로써 자주통일과 평화번영의 대강령과 이정표를 마련한 것은 조국통일사에서 특기할 업적이다.

그러나 이들 정권은 우리 민족의 자주통일과 평화번영을 원천적으로 가로막고 있는 한미상호방위조약과 한일기본조약, 국가보안법의 폐기를 한국 정치의 핵심의제로 올리지 않고 방치했다. 국민주권 헌법을 수호해야 할 헌법기관의 책무를 다하지 못했다.

국민주권 헌법을 유린하는 사대매국노예조약을 폐기하지 않고 외세의 간섭과 방해책동을 물리치지 못하면 백년이 가도 자주통일과 평화번영의 남북공동선언은 실현될 수 없다는 것이 오늘날 남북관계 단절이 알리는 엄중한 교훈이다.

김대중 노무현 문재인 대통령을 계승한 이재명 대통령은 이전 정권의 한계를 뛰어넘어 남북공동선언 완수의 확실한 담보를 마련하고 이명박 박근혜 윤석열 일당이 파괴한 금강산관광과 개성 공단을 비롯한 남북공동선언의 재부들을 한시바삐 원상복구하여 민생의 활로를 열어야 한다.

6. 국회는 언론개혁 검찰개혁 사법개혁의 전제조건인 국가보안법 폐지를 즉각 단행해야 한다. 헌법 '조국의 민주개혁과 평화적 통일의 사명'과 국가보안법은 양립할 수 없다. 식민과 분단에 기생한 국가보안법으로 자행된 반인륜적인 국가범죄가 더 이상 용납되어서는 안된다.

7. 정치권에서 제기된 1980년 5월항쟁의 헌법 전문 수록과 대통령 4년 중임제로의 헌법 개정 논의는 이와 함께 제폭구민 척양척왜 보국안민의 전봉준 동학혁명 정신과 우리 민족의 살길인 6.15공동선언 10.4선언 4.27판문점선언의 내용과 역사를 헌법 전문에 새기는 방향으로 수렴되어야 한다.

8. 조국통일은 우리 민족과 국민주권자들의 최고 최대이익을 구현하는 지상 최고 최대위업이다. 이재명 대통령은 최대한 이른 시일 안에 최종적으로 민족자주와 민족자결의 원칙에서 남북공동선언을 실천하는 남북정상회담을 열어 서로 다른 두 개 제도의 남북연방정부를 인정하고 용납하는 기초 위에서 하나의 민족통일국가를 이루는 가칭 대한조선(조선대한)민주연방공화국을 선포함으로써 우리 민족의 소원인 조국통일을 실현하는 조국통일 대통령

이 되어야 한다.

　우리는 헌법 전문 '조국의 민주개혁과 평화적 통일의 사명'을 언제나 가슴에 새기며 민족자주와 조국통일을 일일천추 학수고대하는 국민주권자들과 함께 식민분단 적폐청산과 이재명 대통령의 조국통일 위업 실현을 위한 객관적 조건과 환경을 마련하는 데 모든 노력을 다할 것이다.

2025년 8월 8일
조국통일 만민공동회

2
2023 조국통일 만민공동회

격려사

미제와 외세를 몰아내고
자주적 평화통일을 향하여

전창일 한국진보연대 상임고문

아메리카 제국의 바이든 대통령은 제국의 패권 상징이며 세계 패권전략의 산실인 캠프 데이비드에 한국의 윤석열 대통령과 일본의 기시다 총리를 불러들여 조선, 러시아, 중국 세 나라를 적으로 하는 한미일 삼국군사동맹을 체결하였다.

한미일 삼국군사동맹은 제2차세계대전 후 냉전 시기 역대 미 제국 대통령의 숙원사업이었다. 하지만 한국의 역대 대통령이 국민의 강력한 반일의식을 감지하여 미 제국의 압력을 주저해 온 탓에 성사되지 못하고 끌어온 것이다.

미 제국의 적극적 지지하에 가까스로 대통령에 당선된 윤석열은 문재인 전 대통령 시절 남과 북, 북과 남이 맺은 9.19평양공동선언을 파기하고 대북 선제공격을 운운하였다. 사실상 전쟁상태 복귀선언인 것이다. 역사의 퇴행이며 역행이다.

김누리 중앙대 교수는 '역사가 없는 나라'라는 제목의 한겨레신문에 기고한 칼럼에서 "우리는 역사와 어떻게 만나고 있는가? 최근 우리 사회에서 벌어지고 있는 상상을 초월하는 야만적 행태들을 보면서 다시 역사를 생각한다. 대한민국은 역사를 망각한 나라가 아니라, 아예 '역사가 없는 나라'이다. 이 나라엔 역사의식도, 역사 청산도, 역사교육도 없다"고 개탄하였다.

역사 없는 곳에 미래 또한 없는 것이 역사적 교훈이며 역사의 진리이다.

미 제국의 적극적 추종자로 등장한 윤 대통령이 미 제국 역대 통치자들의 숙원인 미일한 군사동맹을 체결함으로써 전조선(한)민족이 거족적으로 반대하는 일본군의 한국 주둔이 가능하게 되었다. 이제 한미일 연합군이 북침군사연습을 서슴없이 할 판이다.

이러한 엄혹한 정세하에서 평화를 사랑하고 전쟁을 반대하는 애국애족 반전 평화세력들이 '식민과 분단 적폐청산 조국통일 어떻게 할 것인가'를 주제로 조국통일 만민공동회를 10월 11일 서울 노무현시민센터 다목적홀에서 사람일보 주최로 거행하게 된 것을 적극적으로 환영하면서 격려하는 바이다.

미 제국은 우리 조선(한)반도 분단의 원흉이다. 통일된 조선민족 임시정부를 수립하여 5년 동안 미소중영 4개국 후견제를 실시할 것을 결정한 모스크바 삼(미영소) 외상회의 결정을 뒤집고 날조하여 조선(한)반도 남반부에 대한민국 단독정부를 수립한 것이 미 제국이다.

분열되면 넘어지고 합하면 꼭 일어선다(分則倒 合必立). 몽양 여운형 선생의 유훈이다.

모두들 힘을 모아 전쟁 도발세력을 억제하고 미제와 일본 외세를 몰아내자!

조국의 자주적 평화통일 만세!

정당사회단체 각계인사 연설

국민주권 정치의 실현이 통일의 열쇠다

박준의 국민주권당(준) 위원장

국민주권이 핵심이다

식민 잔재와 분단을 극복하고 조국통일을 이루는 본질은 국민주권의 철저한 실현입니다. 국민주권, 말 그대로 국민이 주인인 것입니다.

우리 민족이 일본 제국주의의 노예에서 벗어나려 독립운동을 하였던 것은 바로 우리나라의 주인은 우리 국민이고, 국민이 주인인 나라를 만들기 위해서입니다. 그렇게 보면 아직 우리는 진정한 광복을 하지 못했습니다. 윤석열을 보십시오. 온갖 악정을 다 펴고 있지만, 핵심은 친일 친미 사대주의이고 민족과 국익은 뒷전입니다.

촛불집회에 가면 촛불국민들이 손에 들고, 등에 매달고 다니는 깃발이 있습니다. 그 깃발엔 안중근 의사의 단지 지장이 있고 자주독립, 네 글자가 쓰여있습니다. 촛불집회에서 가장 사랑받는 노래는 독립군가고, 촛불국민들은 스스로를 독립군의 마음으로 싸운다고 합니다. 대한민국이 진정한 자주독립국이 아니라는 것을 국민들 누구나 알고 느끼고 계신 것입니다.

발목을 잡는 정치

우리 국민들은 정치와 사회의 주인이 되기 위해 투쟁해 왔습니다. 그리고 기어이 박근혜 탄핵을 성공시켰고 그 후 연달아 열린 모든 선거에서 대승, 압도적으로 승리하는 위력을 발휘했습니다. 국민이 대한민국을 바꿀 수 있는 합법적인 정치 수단에서 모두 승리했습니다. 그러나 아직 세상을 바꾸지 못했습니다. 정치가 받쳐주지 못했기 때문입니다.

여러분! 설령 국민이 직접 혁명을 하려고 해도 정치가 뒷받침해 줘야 합니다. 지금 국민을 대표해서 세상을 바꿀 정치세력이 누구인가. 이게 풀리지 않았습니다.

지금 막혀 있는 곳은 정치입니다. 국민의 지향은 열렬한데 정치세력이 준비되어 있지 못하고 윤석열 정권과 수구적폐세력의 공세도 거세다 보니 정치에는 바람 잘 날이 없고 한국 정치판은 완전히 아수라장, 전쟁터입니다.

우리는 분단 극복, 통일을 실현하기 위해서 정치라는 전선에서 돌파구를 내야 합니다.

국민주권 정치를 구현하자

국민은 이미 정치를 바꾸기 위해 주인답게 나서고 있습니다. 정치를 방관하지 않고, 정치인에게 기대고만 있지 않고 비개혁적인 인사가 있으면 제거하려 하고, 개혁적 정치인을 찾아 내세우고 있습니다. 지지자들이 정치인을 단순히 따르는 게 아니라, 지지자들이 정치인을 만들어 가고 있습니다.

그러나 한국의 정치권은 아직도 구태의연합니다. 정치가 국민의 의사를 결집하고 국민을 조직하여 사회를 바꾸는 데로 분출시켜야 하는데, 정치는 실종되고 국민의 바다에서 표류하고 있습니다. 그래서 국민의 거대한 물결은 바위를 뚫고 길을 내려 직접 나서고 있습니다.

정치에서의 대안이 필요합니다. 그리고 그 대안은 국민 자신이 되어야 합니다. 노동자, 농민, 자영업자, 애국적인 지식인과 기업인, 애국의 선봉에 선 촛불시민들, 그들이 직접 정치세력이 되어야 합니다.

그리고 그 힘으로 당장 윤석열 정권을 끌어내려야 합니다.

여러분!

식민과 분단의 역사를 끝내고 적폐청산과 조국통일의 역사적 대업을 이루려면 윤석열 정권부터 끝장내야 합니다. 그리고 반통일 수구기득권세력을 결정적으로 약화시켜야 합니다.

수구세력을 청산하기 위한 민주진보진영의 투쟁은 도돌이표가 아니라 나선형의 진보 과정입니다. 국민은 치열한 항쟁의 과정에서 주권의식, 주권자로서의 힘을 더욱 강화하고 있습니다. 국민은 윤석열 정권을 끝장내기 위해서 민주개혁 정치세력의 개혁을 이뤄내고 있습니다. 또 진보 정치세력에서도 더 다양하게 힘을 다지고 있습니다. 윤석열 정권을 끌어내리는 과정은 진보정치가 한층 더 발전되고 민주개혁 진보세력의 연대가 형성되는 과정일 것입니다.

다가오는 총선에서 승리하고, 윤석열 정권을 끌어내리고 그걸로 멈추지 말고, 검찰, 언론 개혁과 국가보안법 폐지 등 민주개혁을 실현하며 통일로 나아가야 합니다. 그 과정에서 평화와 통일을 바라는 애국세력은 진정한 국민주권의 정치로 민주개혁을 확고히 견인하며, 개혁에 성공하는 데 적극적으로 기여해야 합니다.

여러분!

우리는 승리하고 있습니다. 윤석열 정권이 광적으로 반공에 집착하고 친일 친미에 집착하며 발악적으로 나서고 있는 것은 저들이 궁지에 몰려 있기 때문입니다. 승리가 다가올수록 대결은 치열해집니다.

우리는 이럴 때일수록 우리를 더 단단하게 하고, 국민 속에 깊이 들어가 함께 하고, 팔을 넓게 벌려 더 많이 품어야 합니다. 그래야 이깁니다.

분단이 벌써 78년입니다. 아득한 세월이 지났습니다. 승리를 더 늦출 수 없습니다.

윤석열 정권과의 싸움을 잘해서, 통일의 그날을 앞당깁시다.

분단극복과 완전한 자주통일독립국가 건설

전덕용 사월혁명회 상임의장

일제가 패망하면서 당시 조선반도가 미국과 소련의 강제 불법 점령으로 남북이 분할되었다. 1945년에 두 쪽으로 분할 점령된 조선반도는 78년이 지난 오늘까지 총칼을 마주한 채 휴전선을 사이에 두고 같은 민족끼리 서로 으르렁거리고 있는 현실이다.

미국과 소련이 조선을 불법강점한 대의명분은 조선 주둔 일본군의 무장해제와 현지 질서유지였다. 그러나 이것은 표면에 내세운 거짓 명분이었고 당시 냉전체제의 거대한 힘이 맞닿은 양극의 충돌지점, 또는 완충지대의 설정에 지나지 않았다.

미국과 소련이 동서냉전의 대표주자가 되어 동아시아에서 마주친 극점이 바로 조선반도의 38선이었고, 유럽에서는 동서독 분할과 베를린 장벽이었다.

전범국가인 독일은 분할점령이나 전승국의 강제점령이 가능한 합법행위였지만, 조선은 이와는 다르다. 조선은 전승국가이고 미국 중국과 어깨를 나란히 상해임정 대한민국의 이름으로 일제와 맞서 싸워온 연합국의 일원이었다.

뿐만 아니라, 국내에서는 여운형의 건국준비위원회가 이승만을 대통령으로 정권인수와 치안유지체제에 만전을 기하고 있었다. 일제의 조선통치기구인 조선총동부와도 완전합의에 이른 전후처리 사항이었다.

　이런 중대사안을 다 접어두더라도, 연합국을 대표한 국가수반들의 완전합의사항인 카이로선언과 포츠담선언에 명시된 조선을 독립시키기로 한 전후처리 조항을 지키지 아니한 국제선언 파기, 국제적인 중대선언을 지키지 아니한 국제범죄에 대한 책임을 어떻게 변명하고 설명할 것인가? 참으로 분하고 원통한 일이다.

　미국과 소련의 세계지배 패권다툼으로 무고한 조선국과 조선민족의 고통은 여기 분단에 끝나지 않았고 결국 6.25라고 하는 민족상잔의 참혹한 전쟁 발발로 이어졌다.

　그 후 동서냉전의 강대국 간 힘겨루기가 38선을 휴전선으로 이름을 바꾸어, 세계역사상 그 유례를 찾을 수 없는 70년 동안 전쟁이 멈추어 쉬고 있는 현상이 계속되고 있는 것이다.

　이로 인하여 우리 민족은 일제 36년 미제 78년 실로 일백사십년간의 식민지가 되어, 완전한 통일독립국가로서 자주권을 행사할 수 없는 억압과 치욕, 부끄러움과 불명예를 감내해야 하는 현실에 직면해 있는 것이다.

　제2차세계대전이 끝난 지 1세기 가까운 세월이 지났지만, 아직도 조선반도에서는 세계 제2차대전의 전후처리 종전약속이 지켜지지 않고 있는 것이다.

　카이로선언과 포츠담선언의 불이행은 물론이고, 미소 양국 군대가 1945년 조선 진입 당시의 약속인 일본군의 무장해제와 현지

질서유지라는 대의명분이 사라진 지 이미 수십 년이 지났는데도, 아직 남녘땅 주둔 미국 군대는 그대로 둥지를 틀고 남아있는 것이다.

또한 여기에서 빼놓을 수 없는 일본의 패전국 전범국가로서의 전쟁배상 문제이다. 조선강점과 주권강탈, 징용징병, 위안부 강제동원, 자원수탈 등에 대한 진정어린 사과와 배상처리가 전혀 안 된 상태로 오늘에 이른 것이다.

더구나 대한민국 정부수립 후 사대매국 친일정권에 의해 일본의 대한(對韓) 전쟁배상 처리문제가 박정희 군사정권 때 '청구권'이란 이름하에 '독립축하금'이라는 명목으로 일본 돈 몇 푼을 얻어 쓰는 데 그치고 말았다.

우리는 이제 제정신을 차리고 5천 년 면면히 이어온 민족국가의 법통과 기상을 되찾고 단군겨레 배달민족의 얼넋을 밝혀 세우는 데 총매진해야 한다.

그리하여 우리를 억압하는 외세를 몰아내고 진정한 통일독립국가 건설에 남북 8천만 민중이 모두 한 덩어리가 되어 일떠서야 한다.

19세기 말 20세기 초에 민족자강 나라독립운동의 일환으로 민중의 민주적인 힘으로 모아 사회개혁을 꾀했던 운동이 서재필이 주도한 만민공동회이다. 독립협회를 조직하고 독립신문을 발행하였고 독립문을 건립한 개혁세력이 앞장을 선 만민공동회는 오늘 우리에게 시사하는 의미가 크다.

백 년 식민지 외세의존 굴종예속 사회체제를 벗어나 민족 주체성에 근거한 완전한 자주통일독립국가 건설은 역사의 명령이고 우리 민족 전체의 화급한 지상과제이다.

우리가 세계 속에 우뚝 선 완전한 통일독립국가 건설을 위해서 무엇보다 우선하는 것은 조선반도 남녘에서의 미국군대의 철수이다.

미국은 지체 없이 주한미군을 철수시키고 상호평등, 양국우호, 경제교류를 전제로 한 정상적인 한미관계 수립에 임해야 할 것이다.

한미상호방위조약 체결 70년, 미 제국주의 실체 직시해야 할 때

고승우 민언련 고문

한미상호방위조약 체결 70년(10월 1일)이 되면서 한미 정부 인사들은 입에 침이 마르도록 긍정평가하면서 이 조약보다 더 강한 동맹으로 가야 한다고 강조하고 있다. 이 조약은 이승만이 1953년 정전협정 체결에 반대하고 평화협정 추진을 실질적으로 저지하면서 남한을 미국의 군사적 종속국, 미군영구기지로 전락시킨 지구촌에 그 유례를 찾기 힘든 불평등조약이라는 점은 침묵하고 있다.

토니 블링컨 미국 국무부장관은 2023년 9월 25일(현지시각) 워싱턴DC에서 국제교류재단(KF)과 미국 전략국제문제연구소(CSIS)가 개최한 한미전략포럼에 참석해, 기조연설을 통해 "70년간 한미관계는 핵심(key) 안보동맹에서 필수(vital) 글로벌 파트너십으로 성장했다. 70주년을 맞은 한미동맹은 그 범위와 중요성이 날로 확대되고 있다"고 말했다. 〈연합뉴스 2023. 9. 26.〉

박진 외교부장관은 영상 축사에서 "한국과 미국은 전 세계에서 가장 강력하고 성공적인 동맹을 구축했다. 지난 70년간 새로운 도전에 맞서 한미동맹은 견고성과 적응력을 증명해 왔다"면서 "북한은 불법적인 핵·탄도미사일 프로그램에 부족한 자원을 낭비하고 있고 기록적인 수의 미사일과 소위 위성을 발사한 행동은 비이성적이고 무책임하며 부도덕하다"고 비판했다.

윤석열 대통령은 9월 26일 성남 서울공항에서 열린 '제75주년 국군의날 기념행사'에서 "정부는 굳건한 한미동맹을 바탕으로 한미일 안보협력을 더욱 강화하고, 나아가 우방국들과 긴밀히 연대해 강력한 안보태세를 확립해 나갈 것"이라며 "북한이 핵을 사용할 경우 한미동맹의 압도적 대응을 통해 북한 정권을 종식시킬 것"이라고 경고했다. 윤 대통령은 또한 "우리 국민은 북한의 공산 세력, 그 추종세력의 가짜 평화 속임수에 결코 현혹되지 않을 것"이라고 말했다.〈연합뉴스 2023. 9. 26.〉

이상에서 한미동맹 70년을 맞은 한미 두 나라 정부의 태도, 입장이 적나라하게 드러나 있다. 즉 미국은 동북아 최변방 한반도에서 남한에 대한 군사적 기득권을 통해 중국, 러시아를 견제하기 위해 인도태평양, 동북아에서 한국을 주요한 군사적 발진기지로 삼고 있고 한국 정부는 북한 핵과 미사일 때문이라며 한미동맹을 신주단지 모시듯 하고 있다.

그러면 미국은 과연 어떤 나라인가? 윤 대통령이 기회만 있으면 강조하는 민주주의, 가치, 법치를 실천하는 절대 선의 국가인가? 그래서 윤 대통령이 미국 정보기관이 한국 정부를 도감청한 것도 문제 삼지 않고 한미일 군사협력체제 강화를 압박하는 미국의 요구를 충족시키기 위해 후쿠시마 원전 오염수, 강제징용 배상 문제 등에서 최악의 저자세 굴욕외교를 일삼고 있는 것인가?

미국 자국법으로 세계를 통제하고 우방국 정부 도감청 서슴지 않아

미국이 오늘날 국제사회에서 어떻게 행동하는지를 살피면, 그 나라의 정체가 무엇인지를 확인하면 한미동맹을 맹신하는 것이 얼마나 위험한 것인지가 드러나게 된다. 미국은 자국 의회가 제정하는 법이나 행정부의 명령 등으로 타국에 대해 물리적 제재를 가하는 21세기 제국주의 국가로 자국 이익을 위해서는 반도체, 자동차 배터리 등에서 보듯 우방국조차 짓밟는 몰상식, 냉혈한적인 조치를 일삼고 있다.

미국이 심각한 자국중심주의에 빠져 있고 철면피한 내로남불 논리의 화신이라는 점을 고려해야 한다. 이런 점을 도외시한 채 미국이 절대선이라는 식의 어처구니없는 허구를 앞세워 열을 올리는 것은 조소의 대상이 될 뿐이다.

외교나 국제관계에서 영원한 동지, 적은 없다. 단지 국가 간 이해 다툼은 항상 존재해왔고, 국익을 최대한 확보하는 관계는 생략되지 않았다. 미국의 군사적인 세계전략은 미국 안보이익 보호를 최우선으로 하고 있고 세계 여타 지역은 그 목적을 위한 수단이나 하위개념으로 삼고 있다는 점에서 한반도가 자칫 미국의 중러 대치국면에서 희생양이 될 가능성도 우려되고 있다.

미국이 20세기 초 가쓰라 태프트 밀약을 통해 일본과 제국주의적 암거래를 통해 한반도를 흥정수단으로 삼았던 행태는 오늘날에도 변치 않고 있기 때문이다. 미국이 북한 핵과 미사일을 자국의 세계군사전략의 대상으로 포함시키면서 한미일 동맹을 강조하고 있는데 자칫 미국이 중국, 러시아와의 큰 흥정이나 대결 상황에서 한반도를 엿 바꿔 먹기식으로 이용할 가능성에 대해 눈감는 식의 무뇌아적 대응은 안 될 일이다.

윤 대통령은 미국을 대신해 중국과 러시아에 각을 세우고 미국의 무기를 엄청나게 사주고 있으며 북한에 대해서도 같은 민족이지만 철천지원수처럼 대해 미국을 크게 만족시키고 있다. 동맹을 민족보다 우선시하는 것은 긴 안목으로 볼 때 심사숙고해야 할 것이다.

미국이 목적을 위해 수단과 방법을 가리지 않았다는 것은 그 사례가 수도 없이 많지만, 베트남 통킹만 사건을 조작하고 이라크의 대량살상무기에 대해 가짜뉴스를 퍼뜨려 침략한 사실은 20세기 세계사에 기록될 국제범죄였다. 최근에 문제가 된 사례 몇 가지를 소개하면 아래와 같다.

▲미국은 테러와의 전쟁이나 타국 정부에 대한 불법 도감청 등을 자국법에 의해 합법화하면서 국제 법을 무시하고 있으나 세계 정의 실현을 목적으로 하는 국제형사재판소(ICC) 설립에 대해 비준을 거부하고 있다.

ICC는 1998년 로마조약에 의해 설립된 국제기구로, 전쟁 범죄, 인종 청소, 반인도 범죄, 인권 침해 등 중대한 국제범죄에 대한 조사나 소추를 목적으로 하며 1백여 국가가 이를 비준했다. 미국은 2002년 의회가 비준을 거부함으로써 ICC의 관할권이 미치지 못하고 있다. 러시아, 중국 등도 동참하지 않고 있다〈www.britannica.com/topic/International-Criminal-Court〉.

미국은 국제형사재판소가 정치적으로 이용될 우려가 있다며 국제형사재판소 문제에 대해 강경한 반대 입장을 취하고 있다. 이는 미국이 자국의 행위가 국제범죄와는 무관하게 오류가 없다는 주장을 하면서 문제제기를 원천봉쇄하고 미국 군인이 전투 구역에서의 불법 행위(주로 비전투원의 살해)에 따라 소추되는 일을 막으려는 목적이 있다는 비판을 받고 있다. ICC는 주권국가의 재판권과는 별도로 독립적인 재판권을 갖고 있으며, 자발적 가입국에만 ICC의 관할권이 미치게 되어 있다.

▲미국은 전쟁 승리를 위해서라면 유엔, 국제원자력기구(IAEA)나 국제사회가 사용을 금하는 반인도적인 무기 사용을 적극 검토하는데 이는 확전의 계기가 되면서 전쟁으로 인한 피해를 확대시킬 우려가 있다는 비판을 받고 있다. 최근 발생한 사례를 소개하면 아래와 같다.

- 미국은 우크라이나에 집속탄을 탑재한 에이태큼스(ATACMS) 지대지 미사일을 지원하려고 막바지 검토를 하고 있다고 워싱턴포스트(WP)가 9월 22일(현지 시각) 보도했다〈연합뉴스 2023-09-23〉. 집속탄은 하나의 폭탄 속에 작은 폭탄 수백 개가 들어 있으며 상공에서 터지면 안에 있던 폭탄이 쏟아져 나와 넓은 영역에 피해를 준다.

1기의 에이태큼스에는 300~950개의 개별 폭탄이 들어 있어 무차별 폭격에 따른 민간인 피해 우려가 크고 불발탄이 남을 수 있어 세계 120여 국가가 사용을 금지한다.

유엔은 미국이 우크라에 집속탄을 지원하는 것은 민간인 등에게 심각하고 무차별적인 피해를 줄 우려가 있다고 경고하면서 그 중단을 촉구했던 것으로 뒤늦게 알려졌다. '유엔 고문 및 기타 가혹하고 비인도적 또는 인간 존엄성을 폄하하는 대우 또는 처벌에 관한 특별보고관'은 지난 9월 20일 미국에 그런 경고문을 지난 7월 긴급타전, 미국은 국제인권법에 의한 의무를 준수하도록 촉구했으나 미국은 이날 현재 아무 답변도 하지 않고 있다고 밝혔다 〈www.ohchr.org/en/press-releases/2023/09/un-expert-urges-us-government-review-decision-transfer-cluster-munitions〉.

- 토니 블링컨 미국 국무장관은 지난 9월 6일(현지 시각) 우크라이나를 방문해 10억 달러(약 1조 3000억 원)의 추가적인 군사 및 인도적 지원 계획을 밝힌 가운데, 그 일환으로 전차용 120mm 열화우라늄탄을 지원하겠다고 발표했다〈연합뉴스 2023년 9월 7일〉.

열화우라늄탄은 전차도 뚫을 수 있을 정도의 파괴력을 자랑하지만, 논란이 있는 무기로 국제원자력기구는 열화우라늄 파편을 만지면 인체가 방사능에 노출될 위험이 있다며 그 사용 자제를 요구하고 있다.

열화우라늄을 총알, 박격포탄, 전차 포탄 등에 사용할 경우 일반적인 탱크 철판은 관통할 수도 있고 관통하면서 생긴 열에 의해 불에 타게 된다. 열화우라늄탄은 잔해가 매우 날카로워 인명 피해를 유발할 수 있고 방사능을 내지 않지만, 방사능 물질을 함유하고 있기 때문에, 장기적으로 인체에 유해하고 환경오염을 유발할 수 있어 그 사용은 국제적으로 논란이 되고 있다.

한미상호방위조약과 필리핀, 일본의 관련 조약 비교

한미동맹의 핵심인 한미상호방위조약을 현재와 같이 존속시키는 것은 한국이 미국에 군사적 예속 상태라는 대외적 위상 추락과 국민 자존감의 훼손, 미국의 부당 이익으로 인한 한국 국민의 과중하고 자존심 상하는 경제적 부담이라는 부작용을 피할 수 없다.

중국, 러시아 등이 한미상호방위조약에 따라 미국의 최첨단 무기가 한국에 배치되는 것을 경계하면서 군사, 경제적 조치를 취하는 것도 한국의 국익을 손상하는 요인의 하나다. 동북아의 변화된 안보 환경에 능동적으로 대응하면서 국익을 신장시키기 위해서는 군사주권 확립 차원에서 이 조약의 개폐가 시급하다.

한미상호방위조약은 필리핀·미국 상호방위조약, 미일상호안보조약 등과 비교 할 때 아래와 같은 문제점 — 이는 어느 면에서 위헌 요인의 하나 — 이 발견되어 그 개폐의 필요성이 자명해진다.

- 한미상호방위조약은 태평양지역의 평화를 위해 집단안보를 추구하게 되어 있는데 외국의 경우처럼 자국영토와 가까운 지역에 국한해야지 자칫 한국이 태평양지역의 범위는 매우 광범위하다는 차원에서 주한미군이 미국의 세계군사전략 실현을 위해 발진기지가 될 우려가 있어 개정되어야 한다.

- 한미상호방위조약에 따라 한반도에 무력충돌이 발생하고 한미 등이 개입할 경우 그 이후 국제연합 안보리에 보고할 의무 등이 없다. 이는 일본과 필리핀의 경우 무력충돌이 발생할 경우 군사적 개입은 국제연합의 토의와 결정을 거치게 되어 있는 것과 차이가 있어 개정이 되어야 한다. 미국이 국가이기주의에 의해 자의

적으로 전쟁을 일으킬 경우도 상정할 수 있기 때문이다.

- 한미상호방위조약에 의해 미국이 한국에 군사기지를 요구할 경우 한국은 허여할 수밖에 없고 이런 규정에 힘입어 평택 미군기지는 해외미군기지 가운데 최대인 것으로 알려졌다. 미군기지 오염문제도 심각하고 미군은 그에 대한 책임을 전적으로 지지 않고 있다.

반면 필리핀은 필리핀 군기지 내에 미군기지가 들어설 수 있게 하는 등 그 조건을 필리핀이 주도권을 갖는 것으로 되어 있다. 일본의 경우도 한국과 같은 미군사력의 배치가 미국의 권리로 규정되어 있지 않다. 한국도 필리핀과 일본의 경우처럼 합리적으로 미군기지 문제를 수정해야 할 것이다.

- 한미상호안보조약은 무기한 유효하다고 되어있지만 필리핀, 일본의 경우 그 기한이 10년으로 되어 있다. 따라서 기한 만료 뒤 재협상 등의 가능성이 열려 있다는 점에서 이 조약과는 큰 차이가 있다.

- 필리핀, 일본의 경우 미국과 상호방위조약에 대해 수시로 협의할 수 있게 되어있으나 이 조약에는 그런 조항이 없는 것이 문제다.

군사적 주권 없는 한국 대통령의 국제무대 큰소리, 지구촌이 비웃어

최근 한미 관계는 미국 대통령이 기회만 있으면 윤 대통령이 한미동맹, 한미일 군사관계 증진에 기여했다고 칭찬을 아끼지 않고 있는데 이는 한국의 군사적 주권이 미국의 통제 하에 있다는 점을 고려할 때 정상적으로 보이지 않는다. 한국이 경제력 세계 10위권, 군사력 6위권의 위상인데도 주한미군 사령관이 3개의 사령관 모자를 쓰고 다양한 방식으로 군사적 통제를 취하는 것에 대해 순종하는 것으로 비춰진다는 점을 고려할 때 더욱 그러하다.

미국은 한미상호방위조약, 전시작전통제권, 유엔사 등을 통해 한국의 국방안보 자주권은 물론 남북한 평화통일 노력을 제약하고 있다. 미국은 특히 2018년 두 번의 남북정상회담을 통해 수많은 교류협력 방안을 만들었지만, 그 이행을 저지해 남북 관계가 오늘날과 같이 파탄상태로 가게 만드는 원인을 제공했다.

윤 대통령은 집권 전후 대북 선제타격 등을 주장해 미국이 공식적으로 반대하는 소동이 벌어진 뒤 미국의 핵우산 정책은 물론 미국의 중국, 러시아 압박전략에 적극 순응하는 태도를 보이고 있다. 한국 정부는 중국, 러시아와의 외교군사관계 악화로 인한 경제적 손실이 불가피한 것으로 인식하는 태도를 취하면서 두 나라에 진출한 한국 기업들이 곤욕을 치르고 있다. 윤 정권은 과거 미국 소련 간 냉전시대와 달리 오늘날 국제정세는 군사적 안보와 경제적 안보를 병행해야 할 필요가 크다는 현실을 외면하고 있다.

미국이 동북아 최빈국인 북한이 세계평화를 위협한다고 규정하고 최강의 군사전략을 적용한 것은 실제 중국과 러시아를 견제하기 위한 목적이라는 것은 잘 알려져 있는 사실이다. 이런 상황에서 한국정부가 군사적 자주권이 없는 심각한 상황인데도 미국 대신 또는 미국의 앞장을 서는 식으로 세계평화, 민주주의를 외치는 것은 대단히 부자연스럽게 보인다.

미국이 군사적으로 예속된 한국에 대해 국제사회가 어떤 시각으로 바라보는가 하는 점은 최근 윤 대통령이 유엔총회 일반토의 두 번째 날인 9월 20일 기조연설에서 북러간 무기 거래는 우크라이나는 물론 한국에 대한 직접적인 도발이라며, 이를 좌시하지 않겠다고 밝힌 데 대한 러시아의 반응에서도 확인된다〈RFA 2023. 9. 21.〉.

주한 러시아대사관은 21일 전날 윤 대통령이 북러 간 무기협상에 대해 비난하며, 좌시하지 않겠다고 한 기조연설에 대해 "한러 간 협력을 훼손하려는 미국의 선전운동에 가담한 것은 유감스럽다. 윤 대통령이 러시아와 북한 간 국방 협력에 대해 근거 없고 선동적인 주장을 했다. 한국의 반러 정책이 한러 관계와 한반도 정세에 영향을 미칠 수 있다"고 경고했다.

한국이 세계평화를 위해 국제사회에 기여하기 위해서는 다른 모든 외국이 그렇듯이 군사적 주권을 확립하는 것에서 출발해야 한다. 그렇지 않으면 지구촌은 한국이 아무리 그럴듯한 이야기를 내놓아도 신뢰하지 않을 것이다.

국제관계에서 공짜는 없다는 점에서 윤 대통령은 발상의 전환을 해볼 일이다. 한미동맹을 필리핀과 미국처럼 대등한 국가 간의 협정으로 전환하는 것을 심각하게 고려해야 할 것이다. 미군은 필리핀 주둔 시 필리핀 군기지에 국한해 영구기지는 만들지 못하고 미군은 필리핀 국내법 적용을 받으며 미군 시설은 사후 필리핀 정부에 귀속시킨다는 원칙이 적용되고 있다. 이는 한미동맹과 비교해 하늘과 땅 차이지만 상식에 부합하는 것이다.

군대는 고려말 이성계의 위화도 회군처럼 파괴적인 잠재력을 지니고 있다. 외국군이 한국에서처럼 치외법권적 특권을 누린다는 것은 미국이 이승만을 상대로 쿠데타를 일으킬 계획을 세우는 토대의 하나가 되는 것이다. 미군이 한국에 주둔하려면 당연히 한국 정부의 관리감독을 받아 어떤 상황에서도 한국 국익에 반하는 행동을 하지 못하게 할 장치가 있어야 한다. 필리핀이 미군 주둔에 대해 취하는 원칙도 이를 반영하고 있다.

미국이 북한에 대해 선제타격을 가할 여건이 한미동맹으로 조성되고 있는 한 남북 관계가 정상화되기는 어렵다. 이는 전쟁을 원치 않고 평화통일을 원하는 한국민의 입장에서 사활이 걸린 심각한 문제다. 지금처럼 미국이 한국에 대해 군사적 측면에서 상하 또는 주종관계로 되어 있는 것은 미국에게 상궤에서 벗어난 대북정책을 남발하는 환경을 조성해 준다는 점에서 더 이상 방치해서는 안 된다.

정상적인 한미동맹은 미국이 합리적인 대북정책을 수립도록 유도할 수 있다는 점에서 미국 국익에도 도움이 된다 하겠다. 한미동맹을 국제적 상식에 맞게 정상화하는 것은 미국을 정상적인 국가로 변하게 하면서 세계평화에 기여할 수 있는 것이다.

미국 덕에 한국이 정치, 경제 선진국이 되었다?

한미 관계의 특수성을 강조할 때 흔히 '혈맹관계' 등의 수사가 동원되어 미국 덕분에 오늘날처럼 한국이 정치, 경제 선진국이 되었다는 식의 논리가 제기되고 있다. 과연 그럴까? 이는 정밀한 연구조사가 필요하지만, 개략적으로 살필 때 한국적 특수성이 반영된 결과로 보인다.

즉 한국의 정치적 선진화는 4.19혁명, 광주민주화운동, 6월항쟁 등을 통해 시민사회가 민주화를 위해 엄청난 투쟁과 희생을 했다는 점, 미국이 적극 지원했던 친일파가 주류였던 기득권층은 한국의 독재정권에 기여했을 뿐 민주화된 뒤의 과실을 따 먹는 식의 행태를 보이고 있다는 사실이다.

경제선진화의 경우 이승만, 박정희 통치 시절 한국 사회는 정관계와 재계의 부정부패가 심각했다는 점에서 기적과 같은 일로 해외에서 평가하고 있다는 점을 주목해야 한다. 주요 천연자원이 거의 나지 않는 한국이 노동력을 밑천으로 한 수출로 부를 축적했는데 정경유착으로 인한 부정부패가 심각한 상황에서도 한국 상품이 국제적으로 가격과 품질 경쟁력을 지녔던 것이 주요인일 수 있다. 어떻게 이런 일이 가능했을까?

그것은 노동자의 희생 덕분이었다고 볼 수 있다. 이는 2022년 6~7월 경남 거제시에서 51일 동안 지속된 대우조선해양 파업 사태를 통해 간접 확인된다. 국내 조선업이 선박 수주 세계 1위이지만 조선업계가 원청과 하청 구조로 되어 있고 노동자 90% 이상이 하청업체 소속으로 생존이 어려울 정도의 저임금에 시달리고 있다.

국내 조선업계를 떠받치는 저임금 하청업체 노동자들과 달리 소수의 거대자본과 기업주들은 선박 수주 세계 1위의 호조건에서 발생하는 이익을 독식하고 있다. 위의 사례처럼 한국경제는 재벌 등 거대자본이 경제권을 장악한 채 노동력 착취가 심각하고 양극화, 빈부격차로 인한 자살률 세계 1위, 출산율 세계 최저의 헬 조선이 되어 있다.

21세기 한국사회의 자본과 노동의 구조적 모순은 60년대 이후 고도 성장기부터 지속되고 있는 한국의 고질적인 천민자본주의적 병폐라 하겠다. 한국 상품이 세계시장에서 가격경쟁력을 지닐 수 있었던 것은 노동자에 대한 착취로 가능했다고 보아야 하다. 노동자들이 살인적인 작업환경과 저임금 속에서 희생적인 경제활동을 한 것이 한국 경제성장의 가장 큰 추동력이 되었다 할 것이다. 박정희 때부터 시작된 노동자 착취구조는 재벌의 사리사욕을 채우는 부정축재와 정치권에 천문학적인 뇌물제공도 가능케 만들었다고 볼 수도 있다.

한미동맹 역사는 미국이 자국 이익 최우선으로 챙긴 과정

미국이 한국의 경제발전 과정에 이른바 안보를 담당하면서 기여했다고 하지만 제2차세계대전 종전 이후 미군이 점령군으로 남한에 온 뒤부터 오늘날까지 미국익을 최우선하는 과정이었다는 점에서 그냥 넘어갈 일은 아니다. 미국은 2차대전 종전 이후 소련의 극동 진출을 저지하가 위해 남한에 진주했다.

미군정을 실시하는 과정에서 남한의 자생적인 건국추진 기구를 일체 불허하고 해외 독립운동세력도 개인자격으로 입국도록 했다. 미국은 3년의 군정기간을 통해 남한 내 군경을 주축으로 친미세력의 확대를 시도했고, 유엔을 통한 남한단독정부 수립 강행도 소련을 견제하기 위한 친미정권의 수립이 목적이었다.

미국이 애치슨라인을 선포한 것도, 6.25전쟁이 나자, 유엔 깃발을 앞세워 남한에 군대를 파견한 것도 미 국익이 최우선이고 한민족을 돕는다는 것은 립 서비스에 불과했다. 미국은 정전협정 뒤 평화협정 타결에 소극적이다가 1950년대 중후반에 냉전이 심화되자 핵무기를 남한에 들여와 소련과 중국을 견제하는 전략을 추진했다.

미국은 박정희, 전두환 쿠데타 정권도 미 국익을 우선해 그 정통성을 인정해 주면서 평화협정 체결에 대비해 주한미군의 남한 영구주둔을 목표로 한 한미동맹을 강화했다.

오늘날 미국은 주한미군을 대중국 견제용으로 이용하기 위해 사드, 고고도미사일방어체계를 경북 상주에 배치하고 북한에 대해 미국 대통령이 필요하다고 판단할 경우 한국 정부와 협의 없이 북한에 대한 선제 핵타격이 가능한 전략을 세워놓고 있다. 미국은 대북 핵공격 시 한반도가 쑥대밭이 될 정도로 파괴되는 것이 뻔한데도 자국의 전략추진에만 골몰하고 있는 것이다.

미국의 이런 태도로 미뤄볼 때 미국이 남한 주민의 생명과 재산이 어떻게 훼손될지에 대해서 관심이나 있는지 극히 의심스럽다. 현재의 한미동맹은 미국익을 최우선으로 하고 있어 미국이 최대 수혜자인 셈이다. 이런 판이니, 미국은 남한의 경제발전에 기여한 것이라기보다 자국의 전략 추진 과정에서 남한에 신세진 것이 엄청 많아 그에 대한 대가를 남한에 지불해야 마땅하다.

미국은 한반도에서 자국의 이익을 챙기는 것을 최우선으로 했을 뿐 한국에 특혜를 주거나 정당한 혜택만을 제공하기 위해 미국이 희생한 적은 찾아보기 힘들다. 이런 점에서 미국이 한국의 선진화에 기여했다고 하는 것은 미국이나 친미세력이 앞장선 미국 홍보, 심리전 차원의 수사에 불과한 것으로 평가절하할 수 있다. 국가 간의 관계가 원래 국가이기주의의 추구의 과정이라는 점에서 미국의 한반도 개입 역사는 세계사에서 쉽게 발견되는 그런 약육강식과 같은 사례에 불과했다고 보아야 한다.

국가 간 관계가 정상적이려면 상호 대등한 국격과 위상, 잠재력을 지니고 국제법에 어긋나지 않아야 한다. 이런 점에 비춰볼 때 미국과 한반도의 뒤틀린 볼썽사나운 관계는 어찌 보면 피하기 어려운 역사적 과정이었다고 할 수 있다. 미국은 한반도 주인들에 비해 국력과 세계적 영향력이 엄청나게 강했기 때문이다.

미국은 한반도와의 관계설정에서 자신들이 최선이라고 생각한 카드를 앞세웠을 뿐이고 이에 대해 한반도 주인공들은 속수무책이었던 것이다. 서로 대등하게 주고받는 역사의 과정이 아니었다. 미국은 슈퍼 갑, 한반도 주인은 을에 불과했다. 한미 관계 최초의 수립과정부터 그랬고, 오늘날에도 크게 달라지지 않고 있다. 이런 역사적 과정이 사실관계에 입각해 객관적으로 기술되고 평가되어야 하는데 그렇지 않다는 점도 심각한 현실의 한 부분이다.

혈맹 강조 속 '이념을 민족보다 우선시하는 풍조' 만연

오늘날 한미 관계는 혈맹의 관계로 일컬어지면서 한민족의 절반인 북한에 대한 남쪽의 주된 인식은 '이념은 민족에 우선 한다'

로 압축된다. 남북은 1,300여 년 동안 통일된 상태였고 정치사상, 이념은 한시적인 것인데도 남쪽의 국가보안법은 북한을 궤멸시키는 존재로만 규정하고 있다. 일부 수구세력은 검은 머리 미국인이라 불릴 정도로 친미적이면서 북한에 대한 엄청난 증오를 감추지 않는다.

남한 주민의 상당수가 친미, 반북의 태도를 보이면서 한국 정치에도 커다란 영향을 미치고 있는데 문제는 이들이 지난 150년 간 미국의 한반도 관련 역사에 대해 관심이 없거나 모르고 지내는 것을 불편해하지 않는다는 점이다. 역사를 모르거나 역사적 진실에 눈을 감으면 불행한 역사가 반복될 가능성이 크다는 교훈을 생각할 때 정확한 미국의 역사적 실체와 한반도에서의 족적에 대한 지식이 절실하다.

특히 남북한 평화통일 이후를 상상하는 미래에서 북한의 존재가 긍정적, 생산적으로 전제되는 것은 금단의 영역이 되어 버렸다. 남한의 수출 위주의 취약한 경제 구조, 청년실업 등의 해결책의 하나가 남북경제공동체의 추진이라는 방안은 한때 보수, 진보 정치, 언론이 주장했지만, 북한 핵문제가 커지면서 자취를 감춘 뒤 공론화되지 않고 있다.

현재의 한미동맹관계 속에서 미국의 북한에 대한 군사적 공세 조치가 취해질 경우 남한에서도 엄청난 인명피해를 초래하게 된다. 이보다 더 심각한 일은 없을 것이다. 한미군사동맹이 현재 수준으로 유지되는 한 남북교류협력이 이뤄진다 해도 트럼프가 했던 것처럼 하루아침에 그것이 중단되거나 파괴될 가능성을 배제할 수 없다.

  윤 대통령이 공언하는 것처럼 북한이 핵을 사용하면 미국의 핵으로 북한 정권을 종식시킨다는 것인데 정치가 정상이라면 북한 핵이 사용될 조건을 다각적으로 모색하는 노력이 취해져야 한다. 그러나 윤 정권은 무력만이 평화를 보장한다면서 군비증강과 함께 미국 핵우산 구걸에 사력을 다하고 있을 뿐이다. 이런 상황에 대해 거대야당, 진보적 정당은 물론 언론, 학계가 침묵하는 것도 심각한 문제다.

  지금은 북한 핵에 대해서 '최악의 상황이 되면 남한에 터뜨릴 것인가, 그렇게 할 경우 핵을 사용한 쪽은 정치적으로 살아남기 힘들 뿐 아니라 민족사에 큰 죄악을 저지르는 것이라서 그럴 일은 없을 것 아닌가? 미국이 해결해 주려나?' 하는 식의 상상만 하면서 지낼 일은 아니다. 남북이 공존, 평화통일을 할 수 있는 체제가 갖춰지도록 노력해야 한다. 동시에 한반도를 포함해 전 세계의 핵무기를 폐기하는 노력을 모두가 하는 것이 당연하다.

  이를 위해 정치권, 언론, 학계 등은 6.25 한국전쟁을 종식시키고 평화협정으로 전환토록 하고 북한과 평화통일을 위한 항구적인 교류협력의 기반을 구축하는 노력을 해야 한다. 그렇게 하려면 한미동맹관계를 유엔회원국 간의 평등하고 평화와 정의를 지향하는 것으로 전환해야 한다. 그 방향으로 노력하는 것이 미국에게도 진정한 이익이 된다는 점을 확인시키는 작업을 시작해야 할 것이다.

  남북한 간에 핵무기, 미사일 등을 둘러싸고 군사적 긴장이 높다

해도 박정희, 노태우, 노무현, 문재인 대통령으로 이어지면서 남북 간에 평화통일을 향한 로드맵을 만들어왔다는 점을 윤석열 정부도 인식하고 그런 방향으로 노력해야 할 것이다.

윤 정권, 한미동맹과 국보법 전면에 앞세워
국가국제경쟁력 상실 우려 심각

윤 대통령, 정부가 추진하는 여러 정책이나 조치는 분단과 전쟁 속에 강조된 반공이념, 특히 국가보안법이다. 이는 윤 대통령이 지난 15일 인천항 수로 및 팔미도 근해 노적봉함에서 열린 인천상륙작전 전승기념식에서 행한 다음과 같은 기념사에 잘 함축되어 있다.

"인천상륙작전은 한반도 공산화를 막은 역사적 작전이자 세계 전사에 빛나는 위대한 승리였다. 전쟁의 총성이 멈춘 70년이 지난 지금 우리가 소중하게 지켜낸 자유와 평화는 지금 다시 도전에 직면해 있다. 북한은 핵과 미사일 능력을 고도화하면서 대한민국 타격을 공공연히 운운하는 등 군사적 위협을 더욱 노골적으로 드러내고 있다.

공산 세력과 그 추종 세력, 반국가 세력들은 허위 조작과 선전선동으로 우리의 자유민주주의를 위협하고 있다. 정부는 굳건한 한미 연합방위태세를 기반으로 한미일 안보 협력을 더욱 강화하면서 북한의 위협에 대한 압도적 대응 역량을 확보해 힘에 의한 평화를 구축하고, 자유민주주의를 굳건히 수호할 것이다."〈연합뉴스 2023. 9. 15〉

윤 대통령이 위에서 밝힌 안보관과 국정 지침은 뉴라이트라 지칭된 극단적 발언을 일삼던 인사들을 국무위원이나 정부산하 각종 기관의 장으로 임용한 데서도 확인된다. 윤 대통령은 자신의 국정철학인 민주주의, 가치, 법치를 내세우는 독불장군, 제왕적 대통령의 모습을 연출하면서 그에 비판, 반대하는 야당이나 시민사회에 대해서도 공산집단세력, 반사회적 세력으로 매도하고 있다. 그는 현재와 같은 행보를 이어갈 가능성이 적지 않다. 윤 대통령처럼 세상을 흑백으로 구분하는 갈라치기의 논리에 매달릴 경우 통합적 리더십은커녕 '우리 편은 절대 선, 반대편은 절대 악'의 대립구도를 심화시키기 십상이다.

헌법재판소가 국가보안법 논란에 대해 시간을 끌다가 합헌 결정을 내린 것도 대단히 불행한 일이다. 국가보안법은 북한 지역과 주민을 반국가단체, 그 구성원으로 규정하고 북한에 대해 상상도, 접근도, 교류도 하지 말라는 세계가 규탄하는 악법이다. 특히 대통령도 탄핵시킨 국민이 분단과 통일문제에 대해 전혀 개입할 수 없게 하는 것은 주권자인 국민을 개, 돼지처럼 취급하는 폭력적 발상의 결과라는 점에서 헌재는 이번에 엄청난 역사적 오판을 했다는 비판을 자초한다.

한국사회가 지금처럼 한미동맹과 국보법이라는 틀 속에 갇힐 경우 21세기 인공지능 시대에 국가국제경쟁력을 상실할 우려가 적지 않다. 인공지능 시대는 막힘 없는 상상력의 추구와 그 실천을 바탕으로 삼고 있다는 점에서 더욱 그러하다. 북한과 사회주의를 이유로 한시적인 정치사상, 이념의 지배를 절대시하거나 제 민족보다 동맹, 외세에 의존하는 비정상이 시정되어야 한다. 그래야 빛나고 풍요로운, 그러면서도 전쟁 위협을 받지 않고 평화, 정의. 진리가 넘치는 한반도를 후손에게 물려줄 수 있을 것이다.

미국이 한국의 동맹국인가

정일용 6.15공동선언실천남측위원회 언론본부 상임대표

국군의 날이라는 10월 1일을 며칠 앞두고 서울 시내에서 시가행진이 벌어졌다. 이날 시가행진에서는 처음 보는 기이한 광경이 펼쳐졌다. 미군이 행진부대로 참여한 것이다. 무장도 하지 않은 채 절도 없이 슬렁슬렁 걸어가는 폼새는 흡사 패잔병을 연상시킬 정도로 괴이쩍었다. 이른바 한미동맹 70주년을 맞아 미군도 시가행진에 참여했다는데 그들의 괴이한 모색은 마치 두 나라 사이의 기이한 동맹관계를 보여주는 듯했다.

조-미 1차 전투

이른바 제너럴 셔먼호 사건이다. 선박의 이름을 붙여 사건이라고 명명한 것은 그 사건의 진상을 호도하는 부적절한 표현이다. 미 제국주의의 팽창과 조선인들의 반제투쟁이 맞부딪친 결과, 두 나라 사이에 처음으로 국지전이 벌어졌으므로 조-미 1차 전투라고 하는 게 적절하다.

"상선 셔먼호는 미국의 군인 윌리엄 테쿰세 셔먼의 이름을 딴 것이었고, 톈진(天津)에 머물고 있던 미국인 상인 프레스턴(W. B.

Preston)의 소유였다. 그는 톈진에 기반을 둔 영국회사 메더우즈 앤 컴퍼니(Meadows and Co.)로부터 비단·유리그릇·천리경·자명종 등의 상품을 사들여 적재하였고, 중화기로 무장하였다.

　이 배의 승무원은 선장 페이지(Page), 1등 항해사 윌슨(Willson), 13명의 청국인, 3명의 말레이시아인 선원으로 구성되었다. 그리고, 소유주 프레스턴도 배에 올랐고, 영국인 호가스(Hogarth)와 항해사 겸 통역인 역할을 위해서 런던 선교회 소속의 개신교 선교사 로버트 저메인 토머스도 승선했다.

　이들은 1861년 5월에 굴욕적으로 개항된 체푸(Chefoo, 현재의 옌타이)를 1866년 8월 9일에 출항하여 8월 16일에 조선의 해안가에 당도하였다. 그리고 중국 정크선(선장 유화태-Yu WauTai)의 인도로 8월 20일(음력 7월 11일)에 대동강을 거슬러 올라와 평양 경내에 들어왔다. 유화태는 1865년 말 토머스가 황해 지역에 왔을 때 타고 왔던 배의 선장이며 토머스에 의하면 20년 이상 조선인과 무역을 하였다.

　마침, 프랑스의 군함이 침략해 올 것이라는 소문이 시중에 나돌고 있었기 때문에 관원들은 전전긍긍하며 긴장하고 있을 때였으므로 셔먼호가 평양 경내에 정박하는 것을 보고, 지방 관리들은 페이지 선장을 만났고, 원활히 의사소통을 하였다.

　즉, 이들은 셔먼호가 평양에 온 목적을 물었다. 토머스 선교사는 백인들의 국적을 소개하고 항해 목적에 대하여서는 상거래를 위한 것일 뿐임을 강조하며, 그들이 가져온 비단·자명종 등을 쌀·사금·홍삼·호표피 등과 교역하자고 제의하였다.

조선인들은 모든 상거래 제의를 거부하되 승무원들에게 식량과 보급품을 제공하는 데에는 동의하였다. 조선인들은 좀 더 고급 관리와 상의할 때까지 기다리라고 페이지 선장에게 말해 두었다. 그러나, 셔먼호는 강을 더 거슬러 올라왔다.

제너럴 셔먼호의 공격과 평양성 군민들의 반격

8월 21일(음력 7월 12일) 조선 측의 이와 같은 강경한 경고에도 불구하고 셔먼호는 만경대 한사정(閑似亭)에까지 올라와 그들의 행동을 제지하던 중군(中軍) 이현익(李玄益)을 붙잡아 감금하였다.

사태가 이에 이르자 평양성 내의 관민(官民)은 크게 격분하여 강변으로 몰려들었고, 셔먼호에서는 소총과 대포를 이들 관민에게 마구 쏘아 사태는 더욱 악화되었다. 이와 같은 셔먼호의 무모한 행동에 대하여 강변의 군민은 돌팔매·활·소총으로 맞서 대항하고, 퇴교(退校) 박춘권(朴春權)은 배를 타고 가서 이현익을 구출해 내었다.

당시 며칠씩 계속된 비로 강의 수위가 높아졌기 때문에 셔먼호는 대동강을 따라 계속 올라왔으나 여러 날이 지나는 동안 평상시 수위로 돌아가게 되자 셔먼호는 양각도(羊角島) 서쪽 모래톱에 선체가 걸려 움직일 수가 없게 되었다. 그러자 불안과 초조함에 휩싸인 셔먼호의 승무원들은 대포를 발사하는 등 폭력을 자행하여 평양 사람 7명이 죽고, 5명이 다치는 인명피해가 일어났다.

박규수는 그들을 체포할 수 있는 사람들을 돈을 주고 구하던 중 한 교졸이 지원했다. 이 교졸은 어촌의 괴피선(작은 배) 수백 척을 동원하여 배 안에 기름을 끼얹은 뒤 섶을 가득 실어 불을 지르게 하고 궁수로 하여금 일제히 화살을 당기게 하였다. 이에 평안도 관찰사 박규수는 철산부사(鐵山府事) 백낙연(白樂淵) 등과 상의하여 8월 30일(음력 7월 21일)부터 포격을 가한 뒤 대동강 물에 식용유를 풀고 불을 붙여 셔먼호를 불태워 격침시켰으며, 승무원 23명 가운데 대부분이 불에 타 죽거나 물에 빠져 죽었다.

배에 불이 번지자, 영국 선교사 로버트 저메인 토머스와 중국 상인 조능봉이 뱃머리로 기어 나와 살려달라고 애원했다. 그러자 박규수는 이들을 강안으로 데려왔다. 그러나 성난 평양부민들이 삽시간에 달려들어 그들을 때려죽였으며, 나머지 생존자들도 전원 사망했다."〈위키백과〉

조-미 2차 전투(신미양요)

"1866년 말 로버트 슈펠트는 셔먼호 사건 진상 조사와 거문도의 해군 기지 설립 조사를 지시받고 조선으로 향했다. 슈펠트를 태운 와츄세트호는 음력 병인년 12월 18일(양력 1867년 1월 23일) 황해도 장연 앞 바다에 정박하였는데, 이들이 그곳을 대동강 하구로 오인하였기 때문이다. 슈펠트는 최대한 존대하며 통상을 희망하는 문서를 조선 조정에 보냈으나, 조선은 비록 화목을 구한다고 하나 속뜻을 알기 어렵다는 이유로 장현 현감에게 슈펠트의 요구를 거절하라고 지시하였다.

1867년 미국은 군함 새넌도어 호를 보내 다시 한번 셔먼호의 생존 선원을 돌려보내라고 요구하였고, 조선은 이미 생존 선원이 없다는 답변을 하였다. 새넌도어 호는 처음에는 대포를 쏘며 무력시위를 하였으나 조선 역시 새넌도어 호의 종선에 총을 쏘며 완강히 저항하자 별다른 소득 없이 철수하였다.

1868년 페비거는 셔먼호의 생존 선원 석방을 위한 특사 파견과 새넌도어 호의 종선에 총격을 가한 사건에 대한 사과와 관련자 처벌을 요구하면서 조선 정부의 답신이 없으면 미국 군함이 다시 올 것이란 협박을 남겼다. 1871년 미국 정부는 조선을 무력으로 개항하기로 결정하고 주청 미국 공사 프레더릭 로(Fredrick Low)의 지휘 아래 5척의 군함을 파병하였다.

1870년 프레더릭 로는 베이징 주재 미국공사로 부임한 뒤 미해군 아시아함대 사령관 로저스와 원정 계획을 수립하여 이듬해 5월을 원정 시기로 계획하였다. 당시 미국은 일본을 개항시킨 가나가와 조약의 전례에 따라 조선도 무력시위를 통해 개항시키고자 하였다. 로우는 청나라의 총리아문을 통해 조선에 사전에 자신들의 목적을 통지하도록 하였다.

1871년 음력 1월 17일에 발송된 편지에서 로우는 자신을 '대아미리가합중국(大亞美理駕合衆國) 흠명출사조선지공사(欽命出使朝鮮之公使)'로 소개하며 미국의 요구사항을 조선 조정에 전달하였다. 편지에 적힌 주요 내용은 제너럴셔먼호 사건의 재발 방지를 위한 자국 선박의 항해 안전 보장과 일본의 예와 같은 통상조약의 체결이었다. 그는 편지 말미에 "화친을 구하는데도 갖은 방법으로 거절하면 불목을 부를 것이니 또 누구를 탓하겠는가"라며 무력 사용을 협박하기도 하였다.

편지를 받은 조선은 미국의 요청을 거절하기로 하였고, 제너럴 셔먼호 사건 당시 평안감사였던 박규수가 답신을 보냈다. 박규수는 《미국봉함전체자》(美國封函轉遞咨)에서 "위험에 빠진 선원을 구하는 것은 우리의 오랜 전통이고, 셔먼호는 경계를 무단 침범하여 발생한 일이란 것을 누차 해명하였는데, 이제 와서 다시 문제를 삼는 까닭을 모르겠다. 미국 상선이 우리 나라 사람을 먼저 능멸하지 않았다면 조선관민이 어찌 먼저 남에게 능멸을 가하겠는가"라고 오히려 미국의 잘못을 지적하였고, 통상 요구에 대해서는 우리는 중국의 번국이니 사대를 하는 신하된 입장에서 독자적으로 외교를 할 수 없다고 답변하였다.

박규수의 이러한 답신은 대원군과 박규수가 이 시기에 쇄국론과 개국론으로 대립했다는 통설과 달리 사실은 긴밀히 협조해 미국과의 분쟁에 대처했다는 새로운 평가의 근거가 되었다. 외교적 협상이 결렬되자 미국은 조선 침공을 강행하였고 《뉴욕 헤럴드》는 '이교도들과의 작은 전쟁'이 일어났다고 보도했다. 미국은 프랑스 신부 리델을 길잡이로 삼아 5척의 군함과 1,200여 명의 병력으로 조선을 침략하였다. 강화도 앞 물치도에 함대를 정박시킨 미군은, 음력 4월 23일 초지진을 공격하였다.

결과

미국 아시아함대 사령관 존 로저스는 1871년 5월 16일 프리깃함인 기함 USS 콜로라도를 비롯한 알래스카호, 팔로스호, 모노캐시호, 베니치아호 등 전함 5척을 이끌고 일본의 나가사키를 출발하였다. 병력은 500여 명의 수병과 150여명의 해병이 투입되었다.

미군 함대는 아산만 풍도 앞에 정박하고 작은 배에 병력을 나누어 강화도 인근을 정탐하였다. 5월 26일 영종도 방어사는 이양선이 나타나 물 깊이를 재었다고 보고하였고, 남양부사 신철구가 종선 세척에 탄 미군에 다가가 글로 목적을 물었으나 미군이 영어로 글을 적어 서로 의사를 확인하지 못하였다. 미군은 큰 배를 가리키며 같이 가자 하였으나 함께 가지는 않았고 서로 간에 약간의 물자만 교환하였다. 이튿날 미군 함대는 남양부사에게 편지를 보내어 "우리의 흠치대신이 귀국의 높은 대신과 협상할 일이 있어 온 것인즉슨 조약을 체결하려면 아직도 날짜가 필요하므로 우리 배는 이 바다 한 지역에서 정박하고 있으면서 조약이 체결되기를 기다렸다가 돌아가겠다"고 목적을 밝혔다.

조선의 조정은 누차에 걸쳐 미국 군함이 올 것을 예고 받았기 때문에 답변을 보내지 않고 교전을 준비하였다. 미국 군함이 영종도에 이르자 사람을 보내 교섭을 시도하였으나 미군은 직급이 낮다는 것을 이유로 거부하였다. 6월 1일 미국 함대가 강화도에서 멀지 않은 곳에 정박하였다는 소식이 전해지자, 조선 조정은 강화도에 군사와 군량을 보내기로 결정하고, 행호군(行護軍) 어재연을 진무중군(鎭撫中軍)에 임명하여 방어토록 하였다. 이날 미국 함대 중 두 척이 손돌목을 지나자, 조선군이 대포로 포격하였다. 미국 군함은 응사하며 빠르게 빠져나갔다. 미군은 손돌목의 포격을 빌미로 강화도를 공격하였다.

전투

미국은 원정을 위해, 500명 이상의 선원과 해병대 100명으로 구성된 650명의 병력과 미국 전함 기함 콜로라도, 알래스카, 팔로스, 모노캐시, 베네시아, 다섯 척의 전함을 준비했다. 기함에는 해군 소장 존 로저스와 주청 미국 공사 프레더릭 로가 탑승해 있었다.

6월 2일 광성진 앞 염하에 집결한 미군 함대가 포격을 개시하였다. 포격을 마친 함대는 남하하여 손돌목을 지날 때 또다시 포격을 가하였다. 조선도 응사하여 미국 함선 일부가 파손되었다. 그러나, 미국 함대의 피해는 경미하였다.

몇 차례의 포격전이 있은 후 상호 교섭을 시작하였다. 미국측 로우 공사가 해변에 편지를 쓴 장대를 꽂아두면 조선 측이 이를 읽은 후 답신하였다. 미국은 기존의 주장을 되풀이하였고, 진무사(鎭撫使) 정기원은 미국의 손돌목 침입이 불법이며 조선은 다른 나라와 교섭하지 않으니 즉시 물러가라 답신하였다. 미군은 물치도로 물러가며 2~3일 안에 답신이 없을 경우 공격할 것이란 최후통첩을 남겼다.

6월 10일 미군은 함포의 지원을 받으며 초지진에 상륙하였다. 군함 2척의 지원을 받으며 24척의 종선에 나누어 탄 651명의 병력이 상륙하였고, 초지진을 수비하던 조선군이 백병전을 벌이며 저항하였으나 하루를 넘기지 못하고 패퇴하였다. 6월 11일 미군은 대모산에 포대를 설치하고 광성보를 공격하였으며 조선군은 치열하게 저항하였으나 화력 열세로 전멸에 가까운 피해를 남기고 덕포진으로 패퇴하였다.

미군이 초지진을 점령한 날 조선인 천주교도를 태운 배가 작약도에 머물고 있던 미군 기함 콜로라도호에 접근했다. 그들은 자신들이 프랑스인 신부 3명을 기다리는 중이며 혹시나 미군 함선에 승선했을지 알아보기 위해 왔다고 진술하였으며, 미군이 제너럴셔먼호의 진상을 묻자, 선원들이 정중한 환대와 교역을 약속받고 상륙하였으나 환대를 받고 취해 쓰러지자 살해되었다고 대답하였다. 미국 측은 조선 정부의 공식 답변보다 이들의 진술이 신빙성이 있다고 판단하였고 광성보 전투에서 보복을 가하기로 결심하였다.

8시간가량 치러진 이 전투에서 조선 측은 어재연 등 240여 명이 전사하고 100여 명이 바다로 뛰어들어 자살하였으며, 20여 명이 포로로 잡혔다. 미군은 장교 1명과 사병 2명이 전사하고 10여 명이 부상당하는 데 그쳤다.

미군은 광성진의 관아를 불태우고 초지진을 거점으로 삼아 주둔하였다. 한편, 고종실록은 이날 전투의 사상자를 전사 53명, 부상 24명으로 기록하고 있다.

영향과 평가

신미양요는 미군이 전투에서 승리하였으나 조선의 입장에서는 결사항전하여 이양선을 몰아낸 사건으로 인식되었다. 대원군은 이를 계기로 전국에 척화비를 세우고 쇄국정책을 고수하였으며, 일본이 여러 차례 통상을 요구하는 것을 거절하였다. 미국은 참전한 9명의 수병과 6명의 해병에게 명예훈장을 수여하였다.

미국 아시아함대는 1865년 동인도-중국 함대가 개편되어 설립된 것으로 신미양요는 아시아함대의 첫 전투였다. 미국의 이러한 함대 재편과 조선 침공은 미국도 제국주의 열강의 대열에 합류하려는 정책의 소산이었다. 그러나 이러한 해외 팽창정책은 별다른 성과 없이 조선의 배외 감정만을 더욱 높이게 되었다.

"미국은 신미양요 이후로도 조선을 식민지로 하려 틈틈이 사신을 보내 탐색하고 미국 국기를 종부청서에 꽂으며 일본 식민지를 허락하게 된 계기를 만들었다"는 견해가 있다.〈위키백과〉

가쓰라-태프트 밀약

가쓰라-태프트 밀약(한국 한자: -密約) 또는 가쓰라-태프트 협정(일본어: 桂·タフト協定) 또는 태프트-가쓰라 밀약(영어: Taft-Katsura agreement)은 미국의 필리핀에 대한 지배권과 일본 제국의 대한제국에 대한 지배권을 상호 승인하는 문제를 놓고 1905년 7월 29일 당시 미국 전쟁부 장관 윌리엄 하워드 태프트와 일본 제국 내각총리대신 가쓰라 다로가 도쿄에서 회담한 내용을 담고 있는 대화 기록이다.

이 기록의 내용은 미·일 양국이 모두 극비에 부쳤기 때문에 1924년까지 세상에 알려지지 않았다. 이 기록에는 서명된 조약이나 협정 같은 것은 없었고, 일본-미국 간 관계를 다룬 대화에 대한 각서(memorandum)만이 있었다.

각서에 따르면 일본제국은 필리핀에 대한 미국의 식민지 통치를 인정하며, 미국은 일본제국이 대한제국을 침략하고 한반도를

'보호령'으로 삼아 통치하는 것을 용인하고 있다. 일부 미국 역사가들은 두 사람이 나눴던 대화에서 새로운 정책이 만들어지거나 조약이 체결된 것은 아니므로 이는 미국이 일제의 대한제국 침략에 협력한 근거가 될 수 없다고 주장하고 있다. 이들은 태프트가 자신의 의견이 미국을 대표하는 것은 아니고, 자신만의 의견이라고 말했다는 것을 근거로 들고 있다.

그러나, 미국은 러시아와 일본제국 사이에 포츠머스 강화조약이 열리기 전에 이미 대한제국의 자치능력을 부정하고 일제가 한반도 지역을 식민지배하는 것이 미국의 이익에 들어맞는다는 입장을 보이고 있었으며, 가쓰라-태프트 밀약은 이를 재확인한 것에 불과하다. 이 밀약은 대한제국에 대한 일제의 식민지배와 필리핀에 대한 미국의 식민지배를 상호 양해한 일종의 신사협정이었고, 이 합의로 대한제국에 대한 미국의 개입을 차단한 일제는 같은 해 11월 17일 대한제국에 을사늑약을 강요했으며, 미국은 이를 사실상 묵인했다.

원자폭탄으로 조선인 수만 명 살해

1945년 8월 미국은 일본 히로시마, 나가사키에 원자폭탄을 투하해 수만 명의 조선인을 살해했다. 생존 피해자는 물론, 그 후손들은 지금도 후유증에 시달리고 있다. 지금까지 인류 역사상 처음이자 마지막인 원폭 사용은 엄연한 전쟁범죄 행위이다.

그러나 미국은 이 전쟁범죄 행위에 아무런 처벌을 받지 않았고, 사과도 하지 않았다.

신탁통치 발원지는 미국

한국을 신탁통치하자는 주장은 미국이 처음으로 내놓았다. 1945년 5월 28일, 미국의 홉킨스 특사가 소련의 스탈린에게 한국에 대한 신탁통치를 제안했다. 스탈린은 이 제안을 받아들였고, 두 나라는 1945년 12월 모스크바 삼상회의에서 한국에 대한 신탁통치 결정을 발표했다.

미국은 한국이 일본의 식민 지배로 인해 독립에 필요한 준비가 되어 있지 않다고 판단하여 신탁통치를 제안했다.

그러나 한국인들은 신탁통치를 일제의 식민 지배의 연장선으로 보고 강하게 반대했다. 결국, 신탁통치 결정은 한국의 분단으로 이어지는 결정적인 계기가 되었다.

제주 4·3항쟁에서 미 군사고문단의 역할

제주 4.3사건은 1948년 4월 3일 제주도에서 발생한 대규모 항쟁과 진압 작전으로, 2년여 동안 약 3만 명이 희생된 비극적인 사건이다. 이 사건에서 미국 군사고문단은 다음과 같은 역할을 했다.

진압작전을 지원

미국 군사 고문단은 제주도에 주둔한 미 해병대와 육군을 통해 진압 작전을 지원했다. 미 군사고문단은 군경 토벌대의 편성과 작전 계획 수립에 참여했으며, 토벌대의 무기와 장비를 제공하기도 했다.

진압작전을 방조

미 군사 고문단은 진압작전 과정에서 발생한 민간인 학살과 방화 등 반인륜적 행위를 방조했다. 미 군사고문단은 토벌대가 민간인을 학살하고 마을을 불태우는 것을 알고도 이를 제지하지 않았다.

진압작전을 묵인

미 군사 고문단은 진압작전 과정에서 발생한 인권 유린에 대해 묵인했다. 미 군사고문단은 토벌대가 민간인을 학살하고 고문하는 것을 보고도 이를 조사하거나 처벌하지 않았다.

제주 4.3사건은 한국 현대사에서 가장 암흑의 시대로 기록되고 있다. 이 사건에서 미 군사 고문단은 진압작전을 지원하고 방조함으로써, 사건의 책임에서 결코 자유로울 수 없다.

미 군사 고문단의 역할에 대한 연구 결과를 종합하면, 다음과 같은 결론을 내릴 수 있다.

미 군사 고문단은 제주 4.3사건의 진압작전을 지원하고 방조함으로써, 사건의 발생과 확대에 결정적인 역할을 했다.

미 군사 고문단은 진압작전 과정에서 발생한 반인륜적 행위를 방조하고 묵인함으로써, 사건의 피해를 더욱 키웠다.

미 군사 고문단의 역할은 한국 현대사의 비극을 이해하는 데 있어 중요한 자료가 된다. 미 군사 고문단의 역할에 대한 진실 규명과 책임자 처벌은 한국 사회의 과제로 남아 있다.

미 군사고문단은 1945년 11월 29일 한국에 상륙하여 1949년

6월 29일까지 존속했다. 군사고문단은 한국군의 창설과 훈련, 군사제도의 정비, 치안유지 등 다양한 분야에서 한국 정부를 지원했다.

하우스만 대위는 1948년 8월 15일 대한민국 정부 수립 직후 한국에 파견된 미 군사고문단의 일원이었다. 하우스만 대위는 제주도에서 발생한 4·3항쟁 진압작전에 참여했으며, 당시 민간인 학살과 방화 등 반인륜적 행위를 방조한 것으로 알려져 있다.

미 군사고문단의 역할은 한국 현대사에 큰 영향을 미쳤다. 군사고문단은 한국군의 창설과 훈련을 통해 한국의 군사력 증강에 기여했지만, 제주 4·3항쟁 등과 같은 인권유린 사건에 책임이 있다는 비판을 받고 있다.

반민특위 좌절시킨 미군정

1946년 10월에 발발한 10월 인민항쟁을 계기로 남조선과도입법의원은 1947년 1월 중도 좌익세력의 주도로 부일협력자, 민족반역자, 전범, 간상배를 조사 처벌하기 위해 위원회를 구성하였다. 1946년 실시된 남조선과도입법의원 선거로 부일협력자로 지목되는 상당수가 입법의원으로 당선되자 이들의 의원자격 및 향후 선거에서 입후보자격을 박탈하고 10월 인민항쟁에서 나타난 민중의 요구를 수용하기 위하여 '부일협력자·민족반역자·전범·간상배에 대한 특별조례법률'의 초안이 1947년 3월 13일 상정되었다.

당시 미군정은 과도입법의원을 군정의 자문기구 성격으로 규정하고 미군정 장관에게 과도입법의원에서 제정한 법률의 인준권을 부여하였다. 미군정은 일제 하에서 관리로 지낸 조선인을 군정 관리로 기용하고 있었기 때문에 특별조례법률의 제정에 초기부터 반대하였고 법안이 제정되고 나자, 인준을 거부하였다. 미군정의 거부로 '특별조례'는 시행되지 못하였다.

한미상호방위조약으로 동맹 아닌 주종관계 수립

「대한민국과 미합중국간의 상호방위조약」, 약칭 한미상호방위조약(韓美相互防衛條約)은 6.25 전쟁 직후인 1953년 10월 1일, 워싱턴 D.C.에서 변영태 한국 외무장관과 존 포스터 덜레스 미국 국무장관이 조인하여, 1954년 11월 18일 발효한 대한민국과 미국 사이의 군사동맹에 관한 조약이다. 이른바 한미동맹의 법적 기반이라 할 수 있다.

특히 문제가 되는 것은 제4조

경북 성주의 사드기지도 이 조항에 따른 것이다. 이 조항이 존재하는 한 제2, 제3의 사드기지가 생겨나도 할 말이 없게 된다. 군을 배치하는 '권리'를 한국은 '허여'하고 미국은 '수락'한다고 하는데, 상호 대등한 관계가 아닌 주종관계에서나 가능한 표현이다.

제4조 상호적 합의에 의하여 미합중국의 육군, 해군과 공군을 대한민국의 영토 내와 그 부근에 배치하는 권리를 대한민국은 이를 허여(許與, 허용)하고 미합중국은 이를 수락한다.

Article 4 The Republic of Korea grants, and the United States of America ac-cepts, the right to dispose United

States land, air and sea forces in and about the territory of the Republic of Korea as determined by mutual agreement.

전시작전통제권 문제도 심각하다.

전시작전통제권(戰時作戰統制權, Wartime Operational Control, WT-OPCON)은 전시에 군대를 총괄적으로 지휘하고 통제할 수 있는 권한을 말한다. 일반적으로 각 나라는 평시 때 군대를 총괄적으로 지휘, 통제하는 권한인 평시작전권(平時作戰統制權)과 전시작전권을 갖는데, 예외로 현재 대한민국만은 전시작전권을 한미연합사령부(ROK-US CFC)에 이양하고 있다. 주한 미군 사령관이 행사하도록 하고 있다는 것이다.

전시작전통제권을 갖지 못한 나라를 정상적인 주권국가라 할 수 있을까.

전시작전통제권을 갖다 바친 나라와 그걸 수십 년간 틀어쥐고 있는 나라가 상호 대등한 동맹관계를 맺는다는 게 가능할까.

'한반도 핵문제'는 미국 때문에 생겨났다

1958년 1월 미국 정부는 한국에 핵무기를 배치한 사실을 공개했다. 핵무기 배치에 관해 '시인도 부인도 하지 않는다'는 NCND 방침을 깬 이례적인 조치였다.

1958년 1월이면 정전협정이 체결된 지 5년도 채 안 된 시점이었다. 협정문 잉크가 채 마르기도 전에 핵무기를 반입했으니, 정전협정을 위반해도 아주 엄중하게 위반한 것이었다.

미국 측의 핵무기 배치 공개는 '조선 측도 알아서 대비하라'고 경고한 것이나 마찬가지였다. 조선 측이 핵무기 개발에 나서도록 추동한 쪽은 미국이라는 것이다.

카터 정권의 5·18 대응은 '가치동맹'의 허상을 보여준다

5·18항쟁 당시 미국 행정부 수반은 '인권 대통령' 지미 카터였다. 그러나 카터 행정부는 한국 신군부 도당의 무지막지한 인권 유린 행위를 목도하면서도 미온적으로, 소극적으로 대응했다. 민주화 운동 지지, 유혈사태 책임자 처벌 요구 등 원칙적 입장을 천명하는 립서비스만 무성했을 뿐 실질적인 행동 조치는 없었다. 오히려 군부대 이동을 승인함으로써 결과적으로 유혈 사태를 방조했다.

이러한 미국의 태도는 자유민주주의 수호자, 인권 중시의 나라라는 '아름다운 나라' 미국에 회의감과 함께 반감을 불러일으켰다. 세계에서 유일하게 '양키 고우 홈'이 들리지 않았던 한국에서 미국 바로 알기 운동이 펼쳐지고 미국문화원을 점거하는 등 반미 운동이 격화됐다.

자신들의 국익을 위해서라면 국민을 학살한 군부독재정권과도 손을 잡는 나라와 무슨 가치를 공유할 수 있을까. 함께 지켜야 할 가치가 있기나 한 걸까.

결어

- 미국은 1800년대 후반 두 번의 전투를 치를 정도로 우리 민족과 적대적인 관계에 있었다.

- 1900년대 초반에는 일제의 한국 강탈을 방조 내지 협조했다.

- 1945년 8월에는 일제와 전쟁을 조기에 끝낸다는 명분으로 원자폭탄을 사용, 수만 명의 한국인을 살해했다.

- 한국을 점령한 미국은 반민족행위자, 부일협력자 청산을 좌절시키고 오히려 그들을 중용함으로써 남북 간 이질화를 가속화했다.

- 신탁통치안을 소련이 제의했다는 거짓말을 내돌려 공산주의, 사회주의에 대한 극도의 혐오감을 조장함으로써 남북 분단을 야기했다.

- 좌익, 공산주의 척결을 이유로 수많은 양민학살을 방조 또는 조장했다.

- 자신들이 '한반도 핵문제'를 만들어 놓고 조선에 책임을 전가하면서 민족적 참화를 불러일으킬 게 뻔한 전쟁 발발 지경으로까지 긴장을 고조시키고 있다.

- 5·18항쟁을 수수방관한 미국과 '가치동맹'을 운운할 수 없다.

- 영토주권, 군사주권을 양여하게 만든 한미상호방위조약은 유례를 찾아보기 힘든 불평등 조약이다.

반외세 민족공조

김성수 철학박사, 유럽통일운동가, 독한문화원 원장

21세기 전반 한반도 역사발전에서 추구한 천도교의 천도, 불교의 화두, 사회학의 가치이상을 21세기 한반도에서는 '반외세 민족공조'라 할 수 있다. 가치이상은 일정한 역사적 시기 한 국가의 획기적 발전을 위해서 꼭 실현해야 할 가장 중추적인 사회정치적 목표라 할 수 있다.

오늘날 한반도에서 이상가치는 반외세 자주권 확립이며, 이 이상가치의 실현은 오직 남북, 해외 우리 민족의 확고한 공조만이 가능하다는 것이 역사적 체험에서 분명해지고 있다. 이 역사적 교훈을 분명히 하고 드팀없이 실천할 때만이 통일을 비롯한 우리 민족의 밝은 미래가 보장될 것이다.

반외세

반외세는 19세기 후반 동학농민운동의 '척양척왜' 이후 오늘날까지 약 150년간 한민족사가 해결해야 할 천도(天道) 내지 이상가치로 되고 있다. 1860년대 동학운동으로부터 1945년 8월 15일 민족해방까지의 이상가치는 '척양척왜'였으며, 이 실현운동의 주체는 농민이었다. 해방 이후 오늘날까지는 서양 대신에 반미로 바뀐 '척미척왜'가 이상가치로 되었으며, 이 실현운동의 주체는 남북 해외 동포의 민족공조이다.

외세는 직접통치 내지 하수인을 매개로 한 간접통치를 통해 우리 민족사 발전을 저해 왜곡했으며, 국가적 사회적 차원에서 모든 재앙의 원천으로 되었다. 국가의 통치는 찬탈 또는 조정당하고, 경제는 수탈, 사회는 분열과 불신, 증오와 부패를 만연시키고, 교육 문화적으로는 사대적, 예속적 심정 조장, 자주적, 진취적 정신을 마비시키고 있다.

일제식민지 처지에서 해방된 지 근 80년이 되었지만 남한은 주권국가의 대들보가 되는 국군통수권을 미국이 장악하고 있다. 다른 나라에도 유례없는 이 사실은 그 외 많은 예속적 상황을 시사하는 것이다. 더군다나 현 정권은 미국의 주도에 따라 한미일 공조를 강화하면서 미국과 일본이라는 외세와 더욱 밀착하고 있다. 그 결과 한반도에서 핵전쟁 발발 가능성에 대한 경고가 사방에서 터져 나오고 있다. 이 전쟁은 정치적, 경제적, 사회적 재앙에 비교되지 않은 한반도의 초토화를 초래할 것이며, 제3차세계대전으로 비화하여 그로 인한 대참사는 세계종말로 끝난다고 전문가들은 경종을 울리고 있다.

이러한 엄중한 경종에 대해서 우리는 어떻게 할 것인가?

민족공조

세계에서 우리 민족처럼 오랫동안 외세에게 참혹하게 시달린

나라가 없다. 인내하기 힘든 한의 축적이다.

이 혹독한 운명을 남북, 해외 우리 민족은 숙명으로만 받아들이지 않고 꾸준히 반외세투쟁을 전개해 왔다. 그리고 반외세운동의 주체는 우리 민족공조만이 유일한 해결책이라는 것을 많은 실패와 시행착오를 통해 절감하게 되었다.

한반도와 똑같이 동서독으로 분단된 독일에서는 무(無)였지만, 해방 이후 수많은 단체와 개인들이 반외세통일운동을 전개해 왔다. 그럼에도 독일은 이미 통일되고 우리는 아직도 앞이 안 보인다. 독일은 소련의 패망으로 통일선물을 챙겼지만, 자주적으로 할 수밖에 없는 우리의 처지는 그 담보인 민족공조세력을 충분히 강화시키지 못한 것이다.

민족공조의 강화는 외세를 축출하고 자주성을 회복하는 데만 국한되지 않고,

민족공조는 통일을 성취할 뿐 아니라 통일 후 통일된 나라를 새롭게 개벽해 가는 강력한 추진세력으로도 될 것이다.

새로운 개벽시대의 창조는 그동안 축적된 남북의 경제 기술적 역량과 민족공조 활동과정에서 축적된 정신사상적 활력은 통일되었으나 침체된 독일과는 달리 세계에 유례없는 멋진 사회, 이상적 국가를 짧은 기간에 성취하리라 예측된다.

반외세와 민족공조의 선순환

해방 이후 근 80년사에서 민중이 주도한 끈질긴 반외세운동과 정권차원에서 민족공조의 역사적 합의가 수차례 이뤄졌음에도 반

외세운동과 민족공조가 선순환하지 못해 통일운동은 확실히 전진하지 못하고 있다.

장기간의 반외세운동은 친외세정권의 무자비한 탄압과 억압으로 그 세력 확장은 그 온갖 희생과 비례되지 못했다. 민족공조는 정권차원에서 일시적으로 성사하는 데 그쳤다. 김대중, 노무현, 문재인 정권은 남북정상회담을 성사시켜 6.15공동선언, 10.4선언, 4.27판문점선언을 선포했다.

이 선언들의 핵심내용은 남북교류, 평화, 번영, 통일 등 민족의 문제를 외세의 간섭 없이 민족공조로 자주적으로 해결하자는 남북정권 차원의 합의였다. 그러나 불행히도 이 세 정권들이 반외세라는 민족사가 해결해야 하는 천도(天道)를 묵과하는 바람에 민족공조와 반외세운동이 선순환할 수 있는 절호의 기회를 놓치고 말았다. 이것은 가슴 아픈 역사적 교훈이다.

반외세 민족공조를 통한 통일운동에서 민간운동과 정권과의 결합이라는 가장 이상적인 조합을 어떻게 다시 창출할 것인가?

이 역사적 과제의 실행을 위해 오늘 이 만민공동회의 모임이 의미 있는 촉진제가 되리라 기대한다.

임박한 세계대전과 코리아의 자주와 통일

한명희 민중민주당 통일위원장

코리아반도의 분단은 남코리아가 미 제국주의의 식민지라는 데 기인한다. 제국주의에 의한 군사적 점령과 정치적 억압은 식민지성을 규정하는 기본내용이다. 1945년 8월 15일 우리 민족은 일제로부터 해방됐지만 9월 남코리아를 점령한 미군은 우리 민중의 민주적 자치기구인 인민위원회를 불법화하며 강제해산했고, 조국을 분단시켰다.

뿐만 아니라 미군철거와 단일정부수립을 향한 민중의 투쟁을 악랄하게 탄압하며 친미대리정권을 조작했다. 1950년 미국이 제국주의세력을 총동원해 코리아전을 일으킨 목적은 코리아반도 전역을 식민지화해 동아시아지배전략을 실현하기 위해서다. 역사적 사실은 남코리아의 예속문제와 코리아반도의 분단문제의 근원이 미제침략세력이라는 것을 증시한다.

현재 코리아반도 정세가 첨예한 이유도 다른 데 있지 않다. 코리아전 당시 일본을 후방기지로, 남코리아를 야전기지로 삼은 미국은 오늘날 일본을 전초기지화하고 윤석열 친미호전세력을 전쟁 꼭두각시로 내세워 위험천만한 북침전쟁책동을 벌이고 있다. 지난 8월 중순 캠프데이비드 회의 결과 미국·일본·남코리아의 '북침전쟁동맹'이 강화됐고 반북·반중국침략기구인 '아시아판 나토'가 사실상 완성되면서 동아시아전쟁전략이 완전히 수립됐다.

2021년 우크라이나의 나토 가입 책동이 어떤 치명적 결과를 낳았는가를 떠올린다면 '아시아판 나토' 형성이 얼마나 위험한가를 잘 알 수 있다. 같은 달 하순부터 진행된 미남합동군사연습 을지프리덤실드는 북의 '완전 파괴'와 '지도부 제거'를 위한 대북선제핵타격책동의 본질을 매우 분명하게 보여줬다. 8월 미국이 윤석열 정부를 끌어들여 연속적으로 진행한 북침핵전쟁 모의와 연습은 남코리아사회의 근본문제를 단적으로 보여준다.

윤석열 정부의 본질적 성격은 친미 파시스트 정부다. 윤석열은 미국의 대북적대시정책에 맹동하며 반북호전본색을 노골화하고 있다. 전임정권하에 중단됐던 북침핵전쟁연습을 부활하고 통일부를 비롯한 외교·국방분야의 수장을 반북대결주의자들로만 구성했다. 윤석열은 '공산전체주의'라는 황당한 조어로 북을 악랄하게 낙인찍고 통일애국세력과 민주화운동세력을 이른바 '간첩'으로 모략하며 제1야당에 정치탄압을 집중하는 최악의 파쇼만행, 반역행위를 공공연히 감행하고 있다. 윤석열이 미 제국주의의 손발이자 파시스트 우두머리라는 것은 외부적으로 미국의 대리전 전략에 완전히 부역하는 동시에 내부적으로 반북대결을 획책하며 검찰파쇼통치를 강화하는 것으로 확인된다.

3차세계대전이 임박한 국제적 환경은 우리 민중의 운명과 결코 분리될 수 없다. 나토의 동진을 금지하고 신나치를 청산하며 주민을 보호하기 위해 시작된 우크라이나 특수군사작전이 미제침략세력의 전쟁개입으로 장기화되고 있으며 동유럽전으로 확전되고 있다. 미국은 동아시아에서 북과 중국을 겨냥한 남코리아전과 대만전을 획책하며 동아시아전을 개전하려고 한다.

한편, 올해 1월부터 다시 본격화된 이스라엘의 팔레스타인 민중에 대한 공공연한 군사적 침략과 학살에 대항해 불가피하게 시작된 팔레스타인 무장조직 하마스의 반격이 새로운 중동전쟁으로 전환되고 있다. 헤지볼라 등 중동의 반미무장투쟁세력이 참전하고 사우디아라비아가 팔레스타인 측에 서겠다고 선언하며 전장은 더욱 첨예화되고 있다. 미제침략세력을 비롯한 제국주의 진영이 노리는 '신냉전' 구도는 3차세계대전을 필수적 전제로 삼고 있다는 사실이 갈수록 명백해지고 있다.

자주 없이 민주 없고 통일 없다. 미군 점령을 시작으로 빼앗긴 민족자주권은 오직 미군 철거로만 되찾을 수 있다. 친미세력이자 파시스트세력이기에 자주의 문제가 우선 해결돼야 민주의 문제가 해결된다. 참된 민주주의는 정치적 민주주의와 경제적 민주주의를 둘다 실현해야만 가능하다.

그러기 위해서는 모든 폭압기구, 파쇼체제를 분쇄하고 사회의 민주화를 이룩하는 동시에 예속적이고 기형적인 남코리아경제를 자립적이고 균형적인 경제로, 민생파탄을 민중복지로 전환시켜야 한다. 자주와 민주가 실현되면 유일한 평화통일방안으로 조국의 통일위업을 이룩할 수 있다.

3차세계대전이 임박한 현 정세는 조국의 자주적 평화통일을 위해 유리한 국제적 환경이 될 것인가. 우크라이나전에 대한 과학적 성격규정은 향후 개전가능성이 높은 남코리아전과 대만전의 성격규정에 큰 영향을 미치며 세계 국제주의세력과 평화애호세력의 단결과 투쟁의 정도를 결정한다.

   현재 우리 민중민주당이 조직자가 돼 결성한 세계반제플랫포옴과 그 강령인 파리선언에 대한 세계반제세력의 관심과 지지가 나날이 높아지고 있다는 사실이 그 증시로 된다. 미군 철거와 윤석열 타도는 말이 아닌 행동으로, 선거가 아닌 항쟁으로만 가능하다. 우리 민중이 반미반파쇼항쟁에 총궐기해 모든 적폐를 깨끗이 청산하고 민중민주의 새 세상을 앞당길 그날은 결코 머지않았다.

분단 극복 없는 민주주의 완성 없다
일 백번 고쳐 죽더라도 통일은 안고 가야

김광수 (사)부산평화통일센터 하나 이사장

'조국통일 어떻게 할 것인가?' 사실, 이 주제에 대해 저는 별 고민이 없습니다. 왜냐하면 '통일'은 '닥치고, 이유 불문' 해야 하는 것으로 인식해 왔기 때문입니다. 하지만, 그래도 많은 사람이 함께하고, 실제 통일이 이뤄지기 위해서는 '통일이 왜 되어야 하는지' 정도는 설명해야 하겠지요. 그래서 몇 가지 얘기는 해볼 텐데요. 그전에 저는 다음과 같은 질문으로 제 얘기를 시작할까 합니다. 그렇게 해도 되겠죠?

과연 우리 모두의 소원은 통일이었던가? "나의 소원은 첫째도, 둘째도, 셋째도…"를 외쳤던 김구 선생님을 모두 좋아하고 존경하지만, 왜 우리 모두 '김구'가 되려 하지 못했던가? 애국가 다음으로 많이 불렸던 노래가 '우리의 소원은 통일'이었는데, 왜 '통일이 밥 먹여 주나?'로 냉소해야만 했던가?

모르긴 몰라도 이 모든 결론에 통일보다는 '민주주의를 향한 열망', '통일이 당장 되겠어, 우선은 평화야'라는 인식으로 변명하고 싶은 우리 모두의 자기 합리화가 똬리를 틀고 있지는 않았는지 묻고, 평소 그렇게 '생각하지 않은' 문제였으니 통일이 밥 먹여 줄리 없었습니다.

　통일은 사실상 그렇게 먼 미래 일로, 이를 폴 부르제의 인식에 빗대 설명하면 '철저하게 외면된 인식'의 결과였습니다. 더 정확하게는 "생각하면서 살지 않으면 사는 대로 생각하게 된" 우리 모두의 잘못이었습니다. 누구 탓할 것 없습니다.

　그렇게 생각이 사라져, 다른 말로는 분단체제에 익숙하게 되어 그와 비례해 분단적 사고는 계속 커지게 되고, 그렇게 분단적 사고에 익숙하게 되면 통일 염원은 온데간데없어질 것입니다. 대신, 자본과 물질의 힘이 이끄는 데로만 우리 삶을 향하게 할 것입니다. 소위 세속적 인격체만 형성하게 되어 미래는 설계되지 않고, 삶은 반복되고 행동은 '경직' 패턴(a pattern)으로 나타나 통일 염원은 점점 더 멀어질 것입니다.

　익숙한 생활 습관만을 견고하게 생각하는 능력만 키워 '생각하는 삶' 자체를 소멸시키고, 결과로 자신의 행동에 무엇이 문제 있는지, 뭐가 잘못되었는지, 뭐가 부족한지, 무엇을 성찰해야 하는지를 잃어버리는 무(無)뇌아의 자본주의적 삶만 있을 것입니다.

　이를 한나 아렌트의 말에 오버-랩 시키면 '악의 평범성'과 같은 우리 모두를 '잊힘의 평범성'으로 무감각하게 만들고, 우리 모두 통일염원을 무디게 하는 그런 공범자, 우리 모두를 그렇게 '99마리의 흰 양'과 같은 아무 생각 없이 한쪽 방향-통일보다 분단만 바라보는 '반쪽' 절름발이 민족으로 전락시켜 낼 것입니다.

　그래서일까요. 오르테가 이 가세트 (Jose Ortega y Gasset)는 더 큰 울림을 우리 민족에게 줍니다.

"민족이 공통의 과거를 지닐 수 있으려면 그것은 공통의 존재를 창조해야 하고, 그것을 창조하기 전에 그것을 꿈꾸고, 열망하고 계획해야 한다. (중략) 중남미의 사람들과 스페인은 공통의 과거, 언어, 인종을 지녔다. 그래도 스페인은 그들과 한 민족을 이루지 않았다. 왜 그런가? 우리는 필수적인 것 하나가 빠졌음을 안다. '공통의 미래' ……"

'공통의 미래'를 꿈꾸지 못한 우리 모두를 그렇게 꾸짖습니다. 동시에 비록 한 민족이 "공통의 과거, 언어, 인종을 지녔다"라고 하더라도 시간이 계속 흘러 앞으로 백 년, 이백 년의 세월이 흐른다면 지금 분단선은 자연스레 국경으로 굳어질 것임을 경고합니다. 진정 그것을 알고 있기냐 하냐고 강렬하게 충고합니다. 해서, 우리는 아직 남과 북이 같은 언어, 같은 혈연, 같은 문화와 경제 등 공통의 과거를 '민족적'으로 공유하고 있을 때 반드시 통일을 이뤄내야만 합니다.

'공통의 과거'에 기반을 두면서도 거기에만 머무르지 말고, 공통의 미래를 어떻게 개척하고 만들어 나갈 것인지를 항상 묻고, 분단이 오래 지속되면 될수록 남과 북은 서로의 이질화가 심화, 즉 이미 남과 북은 대한민국과 조선민주주의인민공화국으로 유엔 동시 가입되어 있어 더더욱 '이질화' 가속도는 붙게 되어 있을 수밖에 없어 결국 통일염원마저도 변형시켜 나갈 것임을 알고 하루빨리 통일을 이뤄내어야만 하는 것입니다. 그러니, 이 어찌 통일이 절박하다 하지 않을 수 있겠습니까?

평화 문제도 중심을 잡는 문제가 매우 중요합니다. 왜냐하면 디터 젱하스(Dieter Senghaas)는 자신의 '인과적 평화주의'에서 "어떤 결과를 제거하려면 먼저 그 원인을 제거해야 한다. 하지만 어떤 다른 결과를 원한다면, 앞의 그 원인 대신에 그 결과를 낳을 다른 원인들을 정착시켜야 한다"라고 했는데, 이를 우리의 분단에 적용해 보면 그 다른 원인은 '안보'가 아닌 '분단 극복, 즉 통일'에 있음이 분명합니다. '통일로 평화를 추동할 수밖에 없음'이라는 논리적 인과관계가 명확합니다.

첫째는, '통일되지 않는', 즉 분단된 한반도(조선반도)는 어떻게 화장되든 '냉전적' 평화일 뿐입니다. 즉, 언제든지 전면전이든 국지전이든 전쟁의 위험이 도사리고 있는 '차가운', 혹은 '얼음장'과도 같은 평화일 뿐이라는 사실입니다. 결과, 평화가 근본적으로 도래하지 못한 원인, 즉 분단이 반드시 극복되어야만 평화가 오는 것입니다.

둘째는, 분단의 지속이 우리 민족에게는 계속 자주권이 유린당하고, 반대로 미국은 동북아에서의 패권적 지위를 계속 유지해 줄 수 있는 마르지 않는 샘물과 같은, 즉 군사적 개입과 정치적 개입의 확실한 명분이 됩니다. 이름하여 한미동맹체제를 계속 유지해 나갈 수 있는 근본 토양이지요. 왜 우리가 그런 토양을 제공하고, 그런 수모를 당해야 합니까?

없다면 통일은 우리 민족에게, 또 우리 대한민국 모든 것에 우선하는 절대적 가치입니다. 명명백백하고도 분명한 근거가 있습니다.

첫째, 생명과 관련된 것입니다.

개인에게 '생명'이 있듯, 민족과 국가에도 '생명'이 있지요. '자주성'이라 하며 이의 헌법적 표현은 '주권'이지요. 바로 이 '주권'이 침해당할 때 우린 이를 외세로부터의 굴종, 혹은 '자주성' 상실, 더 적확하게는 '주권' 상실이라 명명하지요.

그런 의미에서 볼 때 작금의 대한민국은 주권국입니까, 아니면 외세로부터 심각하게 주권이 침해된 비(非)자주적 국가입니까? 심각하게 그렇게 물었지만, 의외로 답변은 간단합니다. 대한민국은 주권적 의미에서 볼 때는 여전히 외세, 즉 미 제국주의로부터 '완전' 자유롭지 못한 예속적 식민국가입니다. 하여, 분단 극복은, 즉 통일은 우리 민족의 생명을 복원하는 문제와 직결됩니다.

둘째, 비정상성을 정상성으로 되돌려 놓는 문제이기 때문입니다.

다름 아닌, 일제로부터의 해방이 자주 독립국으로 재건되지 못한 불행이 지금의 대한민국 운명을 지금껏 결정짓고 있습니다. 해방 시기 우리 전체 인민의 85% 이상이 완전한 자주독립을 원했습니다. 그런데도 우리 민족은 외세와 그 외세에 빌붙은 숭미·우익 세력들에 의해 분단되었습니다. 그러니 이 비(非)정상성을 정상성으로 회복하지 않아야 하겠습니까?

어떻게? 해방과 동시에 완전한 자주독립국가가 이뤄져야 했듯, 강탈당한 주권 회복을 반드시 해내어야 합니다. 그렇게 비정상성을 정상성으로 되돌려놓아야 합니다.

셋째, 분단 극복, 즉 통일은 민족적 숙명과 관련되어 있습니다.

숙명(宿命): 날 때부터 타고난, 정해진 운명. 한반도가 지정학적 숙명(= 대륙 세력과 해양 세력의 이해충돌)을 갖듯, 분단도 통일이라는 민족적 염원을 반드시 갖습니다. 관련해 혹자들은 이렇게 반문합니다. 같은 민족이라 하여 반드시 같은 하나의 국가를 이루어야만 하는가?

좋습니다. 그렇게 질문할 수 있습니다. 독일과 오스트리아는 원래 같은 한 민족이었지만, 지금은 각각의 국가를 이루고 살아가고 있으니 꼭 같은 민족이라 하여 같은 한 국가를 이루고 살 필요는 없다는 그런 논리를 성립시킬 수 있습니다. 그렇게 같은 민족이라 하여 그 이유만으로 꼭 같이 살아야만 한다는 것은 아니다, 그렇게 주장할 수 있습니다. 그런데 과연 그럴까요?

단연코 'NO'입니다. 먼저, 비교 자체가 잘못되어 있습니다. 왜냐하면 대한민국(이하, 한국)과 조선민주주의인민공화국(이하, 조선)의 관계는 독일과 오스트리아와 같이 등가로 비교될 수 없는 결정적 차이가 있습니다. 다름 아닌, 독일과 오스트리아 간에의 그 민족성은 '같은' 생물학적 동질성뿐이지만, 한국과 조선 간에는 그런 같은 생물학적 동질성뿐만 아니라 사회적 집단으로 '공고하게' 형성된 민족적 동질성을 갖고 있어 독일과 오스트리아와 같은 그런 단순 인종적 비교는 성립하지 않습니다.

즉, 같은 언어, 같은 핏줄, 같은 문화, 같은 역사성을 공유하고, 그것도 단군 민족 형성 이래로 1천여 년 동안 '함께' 살아온 그런 단일민족국가입니다. 독일과 오스트리아, 한국과 조선 간에는 그렇게 '있고'와 '없고'가 명확합니다. 다음, 독일과 한반도(조선반도)의 분단 성격 문제도 확연히 다릅니다.

첫째, 당시 조선은 독일과 같은 그런 전범국가가 아니었기에, 독일과 같은 전범국가의 사례가 적용되어 분단되어야 할 이유가 하등 없었습니다.

둘째, '첫째'의 연장선상에서 조선은 당시 패권전쟁을 일으킨 것도, 다른 국가를 점령한 것도 아닌데 그 책임을 물어 강대국의 이해관계에 따라 분단되었다? 매우 불합리하고 비정상적이었다는 것을 알 수 있습니다.

해서, 한반도는 식민 해방 과정에서 온전히 '원래대로' 하나의 민족국가로 되돌아왔어야만 했습니다. 그런데도 우리 민족은 외세에 의해 자의적이고도 일방적인 결정에 따라 국토가 강제 분할 당해 민족으로서는 매우 수치스러운 상황을 맞이했고, 그 결과 지금까지도 국가적 통합성은 매우 파괴되고, 민족 동질성은 위협당하고 피폐화되고 있습니다. 비례해서 당연히 민족 자주성은 온전하지 않습니다.

어떻게? 한쪽에서는 경제협력개발기구(OECD) 가입국인데도 진정한 주권국가인지 의심받아야 하고, 또 다른 한쪽에서는 전략국가인데도 '가난한 국가'로 비아냥 받아야만 합니다. 분단국으로 남아있는 한 '언제까지' 그렇게 국제사회의 조롱거리 대상입니다. 왜 그렇게 우리가 그런 조롱거리의 대상 국가로 남아 있어야만 합니까? 절대 그럴 수는 없습니다.

넷째, 현실적인 이유, 즉 '민중 중심'의 민주주의가 완성되기 위해서라도 분단은 반드시 극복, 통일되어야만 합니다. 수백 수천의 이유가 있지만, 굳이 그 근거를 댄다면 다음과 같습니다.

- 분단 극복 없이는 대한민국의 '실질적' 주권은 회복되지 않으니까요.
- 분단 극복 없는 적폐세력 청산 없고, 분단 극복 없는 대한민국 민주주의가 완성될 수는 없으니까요.
- 분단 극복 없이는 대한민국에 진정한 평화가 오지 않으니까요.
- 분단 극복 없이는 대한민국이 헌법에 보장된 사상의 자유조차 절대 보장받을 수 없으니까요.
- 분단 극복 없이는 대한민국이 '진정한' 부국강병이 될 수 없으니까요.
- 분단 극복 없이는 이 땅의 미래인 청년 미래는 없으니까요.

이렇게 헤아릴 수도 없을 만큼 그 근거는 많습니다. 그러니, 이 어찌 통일이 우리 민족의 지상과제라 하지 않을 것이며 절대 선(善)이라 하지 아니할 수 있겠습니까? 이렇게 통일이 되어야 할 명백하고도 분명한 이유와 근거가 있는데, 통일은 해도 되고, 하지 않아도 그만이어야 하는 그렇고 그런 우리 민족의 숙제이겠습니까?

아니라면 우리 모두 그 어떤 정치투쟁보다 우선하여 반드시 이뤄내어야만 하는 지상 최대의, 절대적 해결 과제임을 분명히 해야 합니다. 방도는 있습니다. 통일은 대한민국 국민이라면 누구나 다

그 의무를 다해야만 하는 헌법적 임무임을 자각하는 것입니다.

헌법 전문 내용 수록입니다. "유구한 역사와 전통에 빛나는 우리 대한국민은 3·1운동으로 건립된 대한민국임시정부의 법통과 불의에 항거한 4·19민주이념을 계승하고, 조국의 민주개혁과 평화적 통일의 사명에 입각하여 정의·인도와 동포애로써 민족의 단결을 공고히 하고~"

또, 있습니다. '내가 김구'이면 됩니다. 백범은 절절히 말했지요. "첫째도 둘째도 셋째도 나의 소원은 통일입니다"라고 말입니다. 그 의미를 저와 여러분 모두는 모르지는 않겠지만 '셋째도'에 멈출 것이 아니라, '일 백번' 아니, 생이 다하는 그날까지 조국통일을 위한 헌신에 나아간다면 분명 통일은 가능합니다.

y축을 '분단'으로 하고, x축을 '통일'로 할 때 그 (좌표) 값을 '세 번'이 아닌 '일생'으로 할 수만 있다면 통일은 반드시 이뤄질 수 있습니다. 그리고 그 '일생'에는

첫째, 분단을 방해하는 모든 분단적폐 세력은 넘어서되, 조국통일을 바라는 모든 세력은 대단결하는 원칙과 방도를 가져야 합니다.

즉, 분단을 반대하고 통일에 이해와 요구를 가진 모든 제정당, 종교·사회단체, 국민은 민족 대단결 정신으로 통일을 이뤄내어야 합니다.

둘째, 우리 모두 통일의 열망이 김구 선생을 넘어서야 합니다.

'첫째도', '둘째도', '셋째도'로도 안되면 열 번, 아니 일 백번 고

쳐 죽더라도 통일의 열망은 가져야 하고, 실천적으로도 모든 투쟁의 제일 앞자리에 놓아야 합니다.

셋째, '민중 중심'의 민주주의를 사랑한다면, 그 어떤 제도적 완결보다 분단 극복 매진에 올-인하여야 합니다.

왜냐하면 분단이 극복되지 않는 한 선거와 정치를 통한 민주주의 완성은 어렵고, 오직 분단극복만이 민주주의 완성을 해낼 수 있기 때문입니다.

역사의 '엄중한' 교훈과 '냉철한' 상인의 계산은 조국통일 투쟁만이 우리 조국과 민족, 국가의 미래를 담보해 줌을 안내하여 줍니다.

애국과 매국이 그렇게 확연하게 갈라지니 분단 극복 편에 서서 투쟁해야만 합니다. 결과, 우리 모두 '새로운' 유형의 애국자가 되어야 합니다. 영광과 축복이 그렇게 다가올 것입니다. 감사합니다.

식민과 분단 적폐청산 조국통일 어떻게 할 것인가

박해전 사람일보 회장

여러분 안녕하십니까.

김대중 노무현 문재인 대통령의 공과를 성찰하는 데 도움을 주는 책〈김대중 노무현 문재인〉출판을 기념하여 '식민과 분단 적폐청산 조국통일 어떻게 할 것인가'를 주제로 열린 조국통일 만민공동회에서 고견을 밝혀주신 정당사회단체 각계인사들과 이 모임을 성원해주신 모든 분들께 감사를 드립니다.

우리 민족은 1910년 일본 제국주의의 강점 이래 한 세기가 넘는 세월 외세에 의한 식민과 분단의 고통을 겪어 왔습니다. 우리 민족의 모든 불행과 재앙의 근원은 외세에 의한 식민과 분단입니다.

반만년 오랜 역사를 창조해온 우리 단일민족은 이러한 외세의 침략에 맞서 굴함 없이 민족의 자주독립과 조국통일을 위해 투쟁하였습니다. 현대사에서 자주독립과 조국통일은 우리 민족의 보편적 가치입니다.

이러한 역사와 시대정신을 반영하여 우리 헌법은 전문에 '조국의 민주개혁과 평화적 통일의 사명에 입각하여 정의·인도와 동포애로써 민족의 단결을 공고히 하고, 모든 사회적 폐습과 불의를 타파'한다고 새겨 넣음으로써 식민과 분단 적폐청산과 조국통일, 민족대단결이 국민주권의 근본 요구임을 밝혔습니다.

조국의 평화적 통일을 염원하는 온 겨레의 숭고한 뜻에 따라 21세기 첫해 김대중 대통령과 김정일 국방위원장은 분단 역사상 처음으로 6월 15일 평양에서 남북정상회담을 열어 남북공동선언을 채택하였습니다.

역사적인 6·15 남북공동선언은 민족자주와 조국통일 운동의 새로운 장을 연 자주통일의 대강령이자 이정표로서 온 겨레와 세계의 지지를 받았습니다.

남과 북은 나라의 통일문제를 그 주인인 우리 민족끼리 서로 힘을 합쳐 자주적으로 해결해 나가기로 하였습니다.

남과 북은 나라의 통일을 위한 남측의 연합제안과 북측의 낮은 단계의 연방제안이 서로 공통성이 있다고 인정하고 앞으로 이 방향에서 통일을 지향시켜 나가기로 하였습니다.

남북 정권이 조국통일의 주체와 원칙, 방도를 명백히 천명한 6.15 공동선언에 따라 남북의 정부, 정당, 사회단체들이 대단결하여 조국통일을 이룰 수 있게 되었습니다.

김대중 대통령을 계승하여 노무현 대통령은 2007년 10월 4일 평양에서 김정일 국방위원장과 남북정상회담을 갖고 남북관계 발전과 평화번영을 위한 10·4 선언을 합의 발표하였습니다.

10.4 선언은 6·15 공동선언의 정신을 재확인하고 남북관계 발전과 한반도 평화, 민족공동의 번영과 통일을 실현하는 데 따른

제반 문제들의 해법을 마련한 평화번영의 실천강령입니다.

남과 북은 우리 민족끼리 정신에 따라 통일문제를 자주적으로 해결해 나가며 민족의 존엄과 이익을 중시하고 모든 것을 이에 지향시켜 나가기로 하였습니다.

남과 북은 민족경제의 균형적 발전과 공동의 번영을 위해 경제협력사업을 공리공영과 유무상통의 원칙에서 적극 활성화하고 지속적으로 확대 발전시켜 나가기로 하였습니다.

김대중 노무현 대통령을 계승한 문재인 대통령은 2018년 4월 27일 역사의 땅 판문점에서 남북정상회담을 열어 한반도의 평화와 번영, 통일을 위한 판문점선언을 채택하였습니다.

남과 북은 남북 관계의 전면적이며 획기적인 개선과 발전을 이룩함으로써 끊어진 민족의 혈맥을 잇고 공동번영과 자주통일의 미래를 앞당겨 나갈 것을 천명하였습니다.

남과 북은 우리 민족의 운명은 우리 스스로 결정한다는 민족자주의 원칙을 확인하였으며 이미 채택된 남북 선언들과 모든 합의들을 철저히 이행함으로써 관계 개선과 발전의 전환적 국면을 열어나가기로 하였습니다.

김대중 노무현 문재인 대통령이 조국통일 3대원칙에 기초하여 민족공조로 북측 정권과 함께 6.15 공동선언과 10.4 선언, 판문점선언을 채택함으로써 우리 민족의 살길인 자주통일과 평화번영의 대강령과 청사진을 마련한 것은 지울 수 없는 업적입니다.

이들 정권시기 남북공동선언을 법제화하여 정부와 정당사회단체들이 대단결하여 자주통일과 평화번영을 가로막는 식민과 분단 적폐를 청산하고 남북공동선언을 완수했더라면 민족자주와 조국통일 위업은 오래 전에 실현되었을 것입니다.

그러나 이들 정권과 정당사회단체들은 분단기득권에 안주하여 국민주권과 헌법을 파괴하는 식민과 분단 적폐청산을 제대로 하지 못하고 남북공동선언을 완수해야 할 역사적 책무를 다하지 못했습니다.

이들 김대중 노무현 문재인 정권의 공과를 올바로 평가하고 그 제한성을 극복하는 것은 앞으로 제정당사회단체가 연대연합하여 식민과 분단 적폐를 청산하면서 이들 정권의 실패를 되풀이하지 않는 조국통일 민족대단결 정권을 창조하는 데 필수적 요구로 됩니다.

그러면 김대중 노무현 김대중 정권에서도 방치된 국민주권과 헌법을 파괴하는 식민과 분단 적폐의 내용은 무엇이겠습니까?

우리 현대사에서 외세에 의한 강점과 식민지배는 일본 제국주의의 36년이 전부가 아닙니다. 우리 사회는 미국 제국주의에 의한 한반도 38선 분할, 38선 이남에 대한 군사점령과 3년간의 미군정을 겪었고, 1997년 국가부도 위기를 맞아 국제통화기금의 구제금융을 받고 경제주권을 잃기도 하였습니다.

그러나 우리 사회에서 일제 식민 적폐와 관련한 친일파 청산운동이 벌어지기는 했지만 미군정의 식민과 분단 적폐와 국제통화기금의 식민 적폐 청산이 올바로 제기되지 못했습니다.

일본 제국주의의 36년 침략(1910~1945)에 이어 미국 제국주의는 한반도를 38선으로 가르고 그 이남에서 여운형 선생을 중심으로 한 조선건국준비위원회가 선포한 조선인민공화국과 각지역 인민위원회를 부정하고 1945년부터 1948년까지 3년 동안 불법 점령하면서 일제 식민 적폐청산을 가로막고 미군정을 실시하였습니다. 미국은 특히 1948년 4월 미군정을 반대하고 미군철수를 요구하는 제주도민을 무참히 학살한 범죄에 책임을 져야 합니다.

발전도상국에서 벗어난 국가에서는 처음으로 한국이 1990년대 후반 국제통화기금 구제금융의 대상이 되어 560억달러의 구제금융을 받고 이 기구에 한국 경제주권을 넘긴 후과는 참혹했습니다.

국제통화기금은 한국 경제구조를 다 무너뜨리는 방식의 강도적 구조조정을 강행했습니다. '바이 코리아' 바람이 불고 한국의 '문전옥답' 노른자위 자산들이 저평가된 원화가치에 따라 외국투기자본에 헐값에 팔려나갔습니다. 일례로 미국 캘리포니아 투기자본은 제일은행을 400만달러 헐값에 사서 구조조정을 거치고 150억달러에 되팔아 차익을 남겼습니다.

우리 사회는 일본 제국주의의 한반도 강점 36년 식민지배에 대한 범죄와 그 적폐를 청산하지 못하였습니다. 특히 일제 강점기 일왕에게 충성을 맹세했던 박정희 사대매국정권은 미국의 사주 아래 1965년 일제 강점 식민지배에 면죄부를 준 사대매국조약인 한일기본조약을 체결하여 일제 만행에 대한 정당한 피해 배상 청구권을 포기하였습니다.

일본 총리 아베는 이를 근거로 한국 대법원의 일제 강제징용 배상 판결을 무시하고 적반하장의 경제보복 조치를 취했습니다.

불법적인 일제식민지배의 사죄와 정당한 피해 배상 없이 일제

식민통치에 면죄부를 준 한일기본조약은 국민주권과 우리 헌법을 침해하는 것으로 원천무효입니다. 이 사대매국조약을 폐기해야 우리 민족의 일제식민통치에 대한 공정하고 정의로운 심판과 올바른 친일잔재 청산의 길이 열릴 것입니다.

이승만 사대매국정권이 1953년 대한민국의 군사주권을 미국에 넘긴 한미상호방위조약도 절대로 양도할 수 없는 국민주권과 헌법을 파괴한 것으로 원천무효입니다. 우리 헌법 제1조는 '대한민국의 주권은 국민에게 있고, 모든 권력은 국민으로부터 나온다'라고 명백히 밝히고 있습니다.

한미상호방위조약은 무엇보다도 일제에 이어 등장한 점령군 미군정의 식민과 분단 적폐청산을 원천봉쇄하였습니다.

미국은 이 사대매국 노예조약에 근거해 한국의 군사주권을 지배하면서 주한미군을 배치하고 천문학적인 방위비분담금을 요구해왔습니다. 일본 군대는 일제강점기 36년 동안 한국에 주둔했지만, 주한미군은 그 곱절을 기록하고 있습니다. 외국군대가 이토록 오랫동안 남의 나라에 진을 친 역사가 어디에 또 있겠습니까?

노무현 대통령이 군사작전권 환수에 나서 2012년까지 돌려받기로 했으나, 이명박 박근혜 정권은 이를 취소하고 무기한 연기하였습니다. 근본적으로 군사주권 회복과 주한미군 철거는 불평등한 한미상호방위조약을 폐기해야만 가능합니다.

일제식민통치 수단이었던 치안유지법을 모태로 한 국가보안법은 우리 민족의 자주통일과 평화번영을 가로막는 식민과 분단 적폐 중의 적폐, 위헌 법률임은 공지의 사실입니다.

김대중 노무현 문재인 대통령은 앞에서 열거한 식민과 분단 적폐청산을 한국정치의 핵심의제로 올리지 않았고, 국민주권과 헌법을 파괴하면서 남북공동선언의 자주통일과 평화번영을 가로막고 있는 제도적 장벽인 한미상호방위조약과 한일기본조약, 국가보안법을 폐기하지 않고 방치했습니다. 이것은 국민주권과 헌법을 수호해야 할 공직자의 역사적 책무를 저버린 직무유기와 배임이라는 엄정한 비판을 면할 수 없습니다.

오늘날 미국의 한반도 분할지배정책에 따라 조국통일을 가로막고 핵전쟁 위기를 고조시키는 한미일 군사동맹과 합동군사훈련은 조국의 평화적 통일을 사명으로 하는 국민주권과 헌법을 파괴하는 것으로 중단돼야 합니다.

외세에 의한 식민과 분단 적폐청산 없이 식민과 분단 원흉들과 군사동맹을 맺어 한반도 핵전쟁 위기를 불러오는 사대매국범죄를 국민주권과 헌법은 용납할 수 없습니다.

우리 민족이 식민과 분단에서 해방되는 것이 참된 자유이며, 자주독립과 조국통일을 이루는 것이 참된 민주주의입니다. 국민주권과 헌법을 파괴하는 식민과 분단 적폐를 용납하고 방치하는 것은 민주주의가 아닙니다. 식민과 분단 적폐를 청산하면서 우리 민족의 살길인 남북공동선언을 완수하여 조국통일을 앞당기는 것이 국민주권과 헌법이 요구하는 참된 민주주의입니다.

국가의 모든 기관들과 정당사회단체들은 김대중 노무현 문재인 정권의 공과를 통찰하고 지혜와 힘을 모아 국민주권과 헌법의 근본요구인 식민과 분단 적폐를 완전히 청산하고 자주통일과 평화번영을 앞당겨 실현해야 합니다.

　정부와 국회, 사법부와 헌법재판소는 국민주권과 헌법을 짓밟은 한미상호방위조약과 한일기본조약, 국가보안법을 폐기하고, 자주통일과 평화번영의 대강령인 남북공동선언을 법제화함으로써 헌법이 부여한 사명을 다해야 합니다. 헌법기관인 이들이 이를 방기하거나 역행한다면 헌법 수호의 책무를 저버린 직무유기와 배임으로 탄핵되어야 할 것입니다.

　경찰과 검찰, 공수처는 식민과 분단 적폐를 비호하는 사대매국 범죄를 소탕하고 남북공동선언을 완수하는 애국애족운동을 보호함으로써 불의를 타파하고 사회정의와 역사정의를 실현하는 보루가 되어야 합니다.

　정당사회단체들은 그동안 6.15 공동선언과 이를 계승한 10.4 선언, 4.27 판문점선언, 9월평양공동선언의 완수를 중심으로 단결하지 못하고 2022년 대통령선거와 지방선거에서 남북공동선언을 부정하는 식민과 분단 적폐세력의 발호를 막지 못함으로써 남북관계는 파탄나고 한반도 핵전쟁 일보직전의 절체절명의 위기상황에 빠지게 되었습니다.

　국민주권자들은 정당사회단체들이 연대 연합하여 6.15 공동선언과 10.4 선언을 짓밟은 이명박 박근혜 후예 윤석열 사대매국정권을 즉각 탄핵할 것을 요구하고 있습니다.

　정당사회단체들이 국민주권과 헌법을 부정하는 식민과 분단 적폐를 일소하고 자주통일과 평화번영의 길을 전면적으로 밝혀주고 있는 남북공동선언을 완수할 조국통일 민족대단결 중앙정권과 지방정권을 올바로 세울 때 우리 사회의 총체적 국난은 해결되고 민족의 염원인 자주통일과 평화번영의 새 세상이 열릴 것입니다.

정당사회단체들은 분단기득권에 안주하지 말고 정파적 이해를 초월하여 민족자주와 조국통일에 모든 것을 복무시키는 원칙에서 남북공동선언의 깃발을 높이 들고 이에 역행하는 사대매국범죄를 심판하면서 자주통일과 평화번영을 하루빨리 실현해야 합니다.

위대한 우리 민족의 자주통일과 평화번영의 위업은 반드시 승리할 것입니다.

감사합니다.

2023년 10월 11일

조국통일 만민공동회에서

박해전 자주통일평화번영운동연대 상임대표

부록

6·15 남북공동선언

조국의 평화적 통일을 염원하는 온 겨레의 숭고한 뜻에 따라 대한민국 김대중 대통령과 조선민주주의인민공화국 김정일 국방위원장은 2000년 6월 13일부터 6월15일까지 평양에서 역사적인 상봉을 하였으며 정상회담을 가졌다.

남북 정상들은 분단 역사상 처음으로 열린 이번 상봉과 회담이 서로 이해를 증진시키고 남북관계를 발전시키며 평화통일을 실현하는데 중대한 의의를 가진다고 평가하고 다음과 같이 선언한다.

1. 남과 북은 나라의 통일문제를 그 주인인 우리 민족끼리 서로 힘을 합쳐 자주적으로 해결해 나가기로 하였다.

2. 남과 북은 나라의 통일을 위한 남측의 연합 제안과 북측의 낮은 단계의 연방제안이 서로 공통성이 있다고 인정하고 앞으로 이 방향에서 통일을 지향시켜 나가기로 하였다.

3. 남과 북은 올해 8·15에 즈음하여 흩어진 가족, 친척 방문단을 교환하며 비전향 장기수 문제를 해결하는 등 인도적 문제를 조속히 풀어 나가기로 하였다.

4. 남과 북은 경제협력을 통하여 민족경제를 균형적으로 발전시키고 사회, 문화, 체육, 보건, 환경 등 제반 분야의 협력과 교류를 활성화하여 서로의 신뢰를 다져 나가기로 하였다.

5. 남과 북은 이상과 같은 합의사항을 조속히 실천에 옮기기 위하여 빠른 시일 안에 당국 사이의 대화를 개최하기로 하였다.

김대중 대통령은 김정일 국방위원장이 서울을 방문하도록 정중히 초청하였으며 김정일 국방위원장은 앞으로 적절한 시기에 서울을 방문하기로 하였다.

2000년 6월 15일

대 한 민 국	조선민주주의인민공화국
대 통 령	국 방 위 원 장
김 대 중	김 정 일

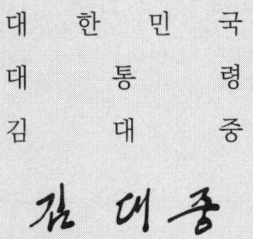
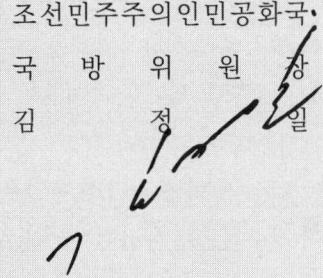

남북관계 발전과 평화번영을 위한 10·4 선언

　대한민국 노무현 대통령과 조선민주주의인민공화국 김정일 국방위원장 사이의 합의에 따라 노무현 대통령이 2007년 10월 2일부터 4일까지 평양을 방문하였다. 방문기간중 역사적인 상봉과 회담들이 있었다.
　상봉과 회담에서는 6·15 공동선언의 정신을 재확인하고 남북관계발전과 한반도 평화, 민족공동의 번영과 통일을 실현하는데 따른 제반 문제들을 허심탄회하게 협의하였다.
　쌍방은 우리민족끼리 뜻과 힘을 합치면 민족번영의 시대, 자주통일의 새 시대를 열어 나갈수 있다는 확신을 표명하면서 6·15 공동선언에 기초하여 남북관계를 확대.발전시켜 나가기 위하여 다음과 같이 선언한다.

　1. 남과 북은 6·15 공동선언을 고수하고 적극 구현해 나간다.

　남과 북은 우리민족끼리 정신에 따라 통일문제를 자주적으로 해결해 나가며 민족의 존엄과 이익을 중시하고 모든 것을 이에 지향시켜 나가기로 하였다.
　남과 북은 6·15 공동선언을 변함없이 이행해 나가려는 의지를 반영하여 6월 15일을 기념하는 방안을 강구하기로 하였다.

　2. 남과 북은 사상과 제도의 차이를 초월하여 남북관계를 상호존중과 신뢰 관계로 확고히 전환시켜 나가기로 하였다.

　남과 북은 내부문제에 간섭하지 않으며 남북관계 문제들을 화해와 협력,

통일에 부합되게 해결해 나가기로 하였다.

남과 북은 남북관계를 통일 지향적으로 발전시켜 나가기 위하여 각기 법률적·제도적 장치들을 정비해 나가기로 하였다.

남과 북은 남북관계 확대와 발전을 위한 문제들을 민족의 염원에 맞게 해결하기 위해 양측 의회 등 각 분야의 대화와 접촉을 적극 추진해 나가기로 하였다.

3. 남과 북은 군사적 적대관계를 종식시키고 한반도에서 긴장완화와 평화를 보장하기 위해 긴밀히 협력하기로 하였다.

남과 북은 서로 적대시하지 않고 군사적 긴장을 완화하며 분쟁문제들을 대화와 협상을 통하여 해결하기로 하였다.

남과 북은 한반도에서 어떤 전쟁도 반대하며 불가침의무를 확고히 준수하기로 하였다.

남과 북은 서해에서의 우발적 충돌방지를 위해 공동어로수역을 지정하고 이 수역을 평화수역으로 만들기 위한 방안과 각종 협력사업에 대한 군사적 보장조치 문제 등 군사적 신뢰구축조치를 협의하기 위하여 남측 국방부 장관과 북측 인민무력부 부장간 회담을 금년 11월중에 평양에서 개최하기로 하였다.

4. 남과 북은 현 정전체제를 종식시키고 항구적인 평화체제를 구축해 나가야 한다는데 인식을 같이하고 직접 관련된 3자 또는 4자 정상들이 한반도지역에서 만나 종전을 선언하는 문제를 추진하기 위해 협력해 나가기로 하였다.

남과 북은 한반도 핵문제 해결을 위해 6자회담 9·19 공동성명과 2·13 합의가 순조롭게 이행되도록 공동으로 노력하기로 하였다.

5. 남과 북은 민족경제의 균형적 발전과 공동의 번영을 위해 경제협력사업을 공리공영과 유무상통의 원칙에서 적극 활성화하고 지속적으로 확대 발전시켜 나가기로 하였다.

남과 북은 경제협력을 위한 투자를 장려하고 기반시설 확충과 자원개발을 적극 추진하며 민족내부협력사업의 특수성에 맞게 각종 우대조건과 특혜를 우선적으로 부여하기로 하였다.

남과 북은 해주지역과 주변해역을 포괄하는 「서해평화협력특별지대」를 설치하고 공동어로구역과 평화수역 설정, 경제특구건설과 해주항 활용, 민간선박의 해주직항로 통과, 한강하구 공동이용 등을 적극 추진해 나가기로 하였다.

남과 북은 개성공업지구 1단계 건설을 빠른 시일안에 완공하고 2단계 개발에 착수하며 문산-봉동간 철도화물수송을 시작하고, 통행·통신·통관 문제를 비롯한 제반 제도적 보장조치들을 조속히 완비해 나가기로 하였다.

남과 북은 개성-신의주 철도와 개성-평양 고속도로를 공동으로 이용하기 위해 개보수 문제를 협의·추진해 가기로 하였다.

남과 북은 안변과 남포에 조선협력단지를 건설하며 농업, 보건의료, 환경보호 등 여러 분야에서의 협력사업을 진행해 나가기로 하였다.

남과 북은 남북 경제협력사업의 원활한 추진을 위해 현재의 남북경제협력추진위원회를 부총리급 남북경제협력공동위원회로 격상하기로 하였다.

6. 남과 북은 민족의 유구한 역사와 우수한 문화를 빛내기 위해 역사, 언어, 교육, 과학기술, 문화예술, 체육 등 사회문화 분야의 교류와 협력을 발전시켜 나가기로 하였다. 남과 북은 백두산관광을 실시하며 이를 위해 백두산-서울 직항로를 개설하기로 하였다.

남과 북은 2008년 북경 올림픽경기대회에 남북응원단이 경의선 열차를 처음으로 이용하여 참가하기로 하였다.

7. 남과 북은 인도주의 협력사업을 적극 추진해 나가기로 하였다.

남과 북은 흩어진 가족과 친척들의 상봉을 확대하며 영상 편지 교환사업을 추진하기로 하였다.
이를 위해 금강산면회소가 완공되는데 따라 쌍방 대표를 상주시키고 흩어진 가족과 친척의 상봉을 상시적으로 진행하기로 하였다.
남과 북은 자연재해를 비롯하여 재난이 발생하는 경우 동포애와 인도주의, 상부상조의 원칙에 따라 적극 협력해 나가기로 하였다.

8. 남과 북은 국제무대에서 민족의 이익과 해외 동포들의 권리와 이익을 위한 협력을 강화해 나가기로 하였다

남과 북은 이 선언의 이행을 위하여 남북총리회담을 개최하기로 하고, 제1차회의를 금년 11월중 서울에서 갖기로 하였다.

남과 북은 남북관계 발전을 위해 정상들이 수시로 만나 현안 문제들을 협의하기로 하였다.

2007년 10월 4일
평 양

대 한 민 국	조선민주주의인민공화국
대 통 령	국 방 위 원 장
노 무 현	김 정 일

한반도의 평화와 번영, 통일을 위한 판문점선언

　대한민국 문재인 대통령과 조선민주주의인민공화국 김정은 국무위원장은 평화와 번영, 통일을 염원하는 온 겨레의 한결같은 지향을 담아 한반도에서 역사적인 전환이 일어나고 있는 뜻깊은 시기에 2018년 4월 27일 판문점 평화의 집에서 남북정상회담을 진행하였다.
　양 정상은 한반도에 더 이상 전쟁은 없을 것이며 새로운 평화의 시대가 열리었음을 8천만 우리 겨레와 전 세계에 엄숙히 천명하였다.
　양 정상은 냉전의 산물인 오랜 분단과 대결을 하루 빨리 종식시키고 민족적 화해와 평화번영의 새로운 시대를 과감하게 열어나가며 남북관계를 보다 적극적으로 개선하고 발전시켜 나가야 한다는 확고한 의지를 담아 역사의 땅 판문점에서 다음과 같이 선언하였다.

　1. 남과 북은 남북 관계의 전면적이며 획기적인 개선과 발전을 이룩함으로써 끊어진 민족의 혈맥을 잇고 공동번영과 자주통일의 미래를 앞당겨 나갈 것이다.
　남북관계를 개선하고 발전시키는 것은 온 겨레의 한결같은 소망이며 더 이상 미룰 수 없는 시대의 절박한 요구이다.

　① 남과 북은 우리 민족의 운명은 우리 스스로 결정한다는 민족 자주의 원칙을 확인하였으며 이미 채택된 남북 선언들과 모든 합의들을 철저히 이행함으로써 관계 개선과 발전의 전환적 국면을 열어나가기로 하였다.

　② 남과 북은 고위급 회담을 비롯한 각 분야의 대화와 협상을 빠른 시일

안에 개최하여 정상회담에서 합의된 문제들을 실천하기 위한 적극적인 대책을 세워나가기로 하였다.

③ 남과 북은 당국 간 협의를 긴밀히 하고 민간교류와 협력을 원만히 보장하기 위하여 쌍방 당국자가 상주하는 남북공동연락사무소를 개성지역에 설치하기로 하였다.

④ 남과 북은 민족적 화해와 단합의 분위기를 고조시켜 나가기 위하여 각계각층의 다방면적인 협력과 교류 왕래와 접촉을 활성화하기로 하였다.
안으로는 6·15를 비롯하여 남과북에 다같이 의의가 있는 날들을 계기로 당국과 국회, 정당, 지방자치단체, 민간단체 등 각계각층이 참가하는 민족공동행사를 적극 추진하여 화해와 협력의 분위기를 고조시키며, 밖으로는 2018년 아시아경기대회를 비롯한 국제경기들에 공동으로 진출하여 민족의 슬기와 재능, 단합된 모습을 전 세계에 과시하기로 하였다.

⑤ 남과 북은 민족 분단으로 발생된 인도적 문제를 시급히 해결하기 위하여 노력하며, 남북 적십자회담을 개최하여 이산가족·친척상봉을 비롯한 제반 문제들을 협의 해결해 나가기로 하였다.
당면하여 오는 8·15를 계기로 이산가족·친척 상봉을 진행하기로 하였다.

⑥ 남과 북은 민족경제의 균형적 발전과 공동번영을 이룩하기 위하여 10·4선언에서 합의된 사업들을 적극 추진해 나가며 1차적으로 동해선 및 경의선 철도와 도로들을 연결하고 현대화하여 활용하기 위한 실천적 대책들을 취해나가기로 하였다.

2. 남과 북은 한반도에서 첨예한 군사적 긴장상태를 완화하고 전쟁 위험을 실질적으로 해소하기 위하여 공동으로 노력해 나갈 것이다.

① 남과 북은 지상과 해상, 공중을 비롯한 모든 공간에서 군사적 긴장과 충돌의 근원이 되는 상대방에 대한 일체의 적대행위를 전면 중지하기로 하였다.

당면하여 5월 1일부터 군사분계선 일대에서 확성기 방송과 전단살포를 비롯한 모든 적대 행위들을 중지하고 그 수단을 철폐하며 앞으로 비무장지대를 실질적인 평화지대로 만들어 나가기로 하였다.

② 남과 북은 서해 북방한계선 일대를 평화수역으로 만들어 우발적인 군사적 충돌을 방지하고 안전한 어로 활동을 보장하기 위한 실제적인 대책을 세워나가기로 하였다.

③ 남과 북은 상호협력과 교류, 왕래와 접촉이 활성화 되는 데 따른 여러 가지 군사적 보장대책을 취하기로 하였다.

남과 북은 쌍방 사이에 제기되는 군사적 문제를 지체 없이 협의 해결하기 위하여 국방부장관회담을 비롯한 군사당국자회담을 자주개최하며 5월 중에 먼저 장성급 군사회담을 열기로 하였다.

3. 남과 북은 한반도의 항구적이며 공고한 평화체제 구축을 위하여 적극 협력해 나갈 것이다.

한반도에서 비정상적인 현재의 정전상태를 종식시키고 확고한 평화체제를 수립하는 것은 더 이상 미룰 수 없는 역사적 과제이다.

① 남과 북은 그 어떤 형태의 무력도 서로 사용하지 않을 데 대한 불가침 합의를 재확인하고 엄격히 준수해 나가기로 하였다.

② 남과 북은 군사적 긴장이 해소되고 서로의 군사적 신뢰가 실질적으로 구축되는 데 따라 단계적으로 군축을 실현해 나가기로 하였다.

③ 남과 북은 정전협정체결 65년이 되는 올해에 종전을 선언하고 정전협정을 평화협정으로 전환하며 항구적이고 공고한 평화체제 구축을 위한 남·북·미 3자 또는 남·북·미·중 4자회담 개최를 적극 추진해 나가기로 하였다.

④ 남과 북은 완전한 비핵화를 통해 핵 없는 한반도를 실현한다는 공동의 목표를 확인하였다.

남과 북은 북측이 취하고 있는 주동적인 조치들이 한반도 비핵화를 위해 대단히 의의 있고 중대한 조치라는데 인식을 같이 하고 앞으로 각기 자기의 책임과 역할을 다하기로 하였다.
남과 북은 한반도 비핵화를 위한 국제사회의 지지와 협력을 위해 적극 노력하기로 하였다.

양 정상은 정기적인 회담과 직통전화를 통하여 민족의 중대사를 수시로 진지하게 논의하고 신뢰를 굳건히 하며, 남북관계의 지속적인 발전과 한반도의 평화와 번영, 통일을 향한 좋은 흐름을 더욱 확대해 나가기 위하여 함께 노력하기로 하였다.
당면하여 문재인 대통령은 올해 가을 평양을 방문하기로 하였다.

2018년 4월 27일
판문점

대 한 민 국   조선민주주의인민공화국
대 통 령   국 방 위 원 장
문 재 인   김 정 은

9월 평양공동선언

　대한민국 문재인 대통령과 조선민주주의인민공화국 김정은 국무위원장은 2018년 9월 18일부터 20일까지 평양에서 남북정상회담을 진행하였다.
　양 정상은 역사적인 판문점선언 이후 남북 당국간 긴밀한 대화와 소통, 다방면적 민간교류와 협력이 진행되고, 군사적 긴장완화를 위한 획기적인 조치들이 취해지는 등 훌륭한 성과들이 있었다고 평가하였다.
　양 정상은 민족자주와 민족자결의 원칙을 재확인하고, 남북관계를 민족적 화해와 협력, 확고한 평화와 공동번영을 위해 일관되고 지속적으로 발전시켜 나가기로 하였으며, 현재의 남북관계 발전을 통일로 이어갈 것을 바라는 온 겨레의 지향과 여망을 정책적으로 실현하기 위하여 노력해 나가기로 하였다.
　양 정상은 판문점선언을 철저히 이행하여 남북관계를 새로운 높은 단계로 진전시켜 나가기 위한 제반 문제들과 실천적 대책들을 허심탄회하고 심도있게 논의하였으며, 이번 평양정상회담이 중요한 역사적 전기가 될 것이라는 데 인식을 같이 하고 다음과 같이 선언하였다.

　1. 남과 북은 비무장지대를 비롯한 대치지역에서의 군사적 적대관계 종식을 한반도 전 지역에서의 실질적인 전쟁위험 제거와 근본적인 적대관계 해소로 이어나가기로 하였다.

　① 남과 북은 이번 평양정상회담을 계기로 체결한 '판문점선언 군사분야 이행합의서'를 평양공동선언의 부속합의서로 채택하고 이를 철저히 준수하고 성실히 이행하며, 한반도를 항구적인 평화지대로 만들기 위한 실천적 조

치들을 적극 취해나가기로 하였다.

② 남과 북은 남북군사공동위원회를 조속히 가동하여 군사분야 합의서의 이행실태를 점검하고 우발적 무력충돌 방지를 위한 상시적 소통과 긴밀한 협의를 진행하기로 하였다.

2. 남과 북은 상호호혜와 공리공영의 바탕위에서 교류와 협력을 더욱 증대시키고, 민족경제를 균형적으로 발전시키기 위한 실질적인 대책들을 강구해나가기로 하였다.

① 남과 북은 금년내 동, 서해선 철도 및 도로 연결을 위한 착공식을 갖기로 하였다.

② 남과 북은 조건이 마련되는 데 따라 개성공단과 금강산관광 사업을 우선 정상화하고, 서해경제공동특구 및 동해관광공동특구를 조성하는 문제를 협의해나가기로 하였다.

③ 남과 북은 자연생태계의 보호 및 복원을 위한 남북 환경협력을 적극 추진하기로 하였으며, 우선적으로 현재 진행 중인 산림분야 협력의 실천적 성과를 위해 노력하기로 하였다.

④ 남과 북은 전염성 질병의 유입 및 확산 방지를 위한 긴급조치를 비롯한 방역 및 보건·의료 분야의 협력을 강화하기로 하였다.

3. 남과 북은 이산가족 문제를 근본적으로 해결하기 위한 인도적 협력을 더욱 강화해나가기로 하였다.

① 남과 북은 금강산 지역의 이산가족 상설면회소를 빠른 시일내 개소하기로 하였으며, 이를 위해 면회소 시설을 조속히 복구하기로 하였다.

② 남과 북은 적십자 회담을 통해 이산가족의 화상상봉과 영상편지 교환 문제를 우선적으로 해결해나가기로 하였다.

4. 남과 북은 화해와 단합의 분위기를 고조시키고 우리 민족의 기개를 내외에 과시하기 위해 다양한 분야의 협력과 교류를 적극 추진하기로 하였다.

① 남과 북은 문화 및 예술분야의 교류를 더욱 증진시켜 나가기로 하였으며, 우선적으로 10월 중에 평양예술단의 서울공연을 진행하기로 하였다.

② 남과 북은 2020년 하계올림픽경기대회를 비롯한 국제경기들에 공동으로 적극 진출하며, 2032년 하계올림픽의 남북공동개최를 유치하는 데 협력하기로 하였다.

③ 남과 북은 10·4 선언 11주년을 뜻깊게 기념하기 위한 행사들을 의의있게 개최하며, 3·1운동 100주년을 남북이 공동으로 기념하기로 하고, 그를 위한 실무적인 방안을 협의해나가기로 하였다.

5. 남과 북은 한반도를 핵무기와 핵위협이 없는 평화의 터전으로 만들어 나가야 하며 이를 위해 필요한 실질적인 진전을 조속히 이루어나가야 한다는 데 인식을 같이 하였다.

① 북측은 동창리 엔진시험장과 미사일 발사대를 유관국 전문가들의 참관 하에 우선 영구적으로 폐기하기로 하였다.

② 북측은 미국이 6·12 북미공동성명의 정신에 따라 상응조치를 취하면 영변 핵시설의 영구적 폐기와 같은 추가적인 조치를 계속 취해나갈 용의가 있음을 표명하였다.

③ 남과 북은 한반도의 완전한 비핵화를 추진해나가는 과정에서 함께 긴밀히 협력해나가기로 하였다.

6. 김정은 국무위원장은 문재인 대통령의 초청에 따라 가까운 시일 내로 서울을 방문하기로 하였다.

2018년 9월 19일

대 한 민 국
대 통 령
문 재 인

조선민주주의인민공화국
국 방 위 원 장
김 정 은